U0695475

现代人力资源管理及其新发展

林立平　徐　良　柳振华◎主编

山西出版传媒集团　　山西人民出版社

图书在版编目（ＣＩＰ）数据

现代人力资源管理及其新发展 / 林立平，徐良，柳
振华著. -- 太原：山西人民出版社，2023.12
　　ISBN 978-7-203-12889-2

　　Ⅰ．①现… Ⅱ．①林… ②徐… ③柳… Ⅲ．①人力资
源管理－研究 Ⅳ．①F243

　　中国国家版本馆CIP数据核字(2023)第082168号

现代人力资源管理及其新发展

著　　者：林立平　　徐　良　　柳振华
责任编辑：贾　娟
复　　审：李　鑫
终　　审：梁晋华
装帧设计：博健文化

出 版 者：山西出版传媒集团·山西人民出版社
地　　址：太原市建设南路 21 号
邮　　编：030012
发行营销：0351－4922220　4955996　4956039　4922127（传真）
天猫官网：https://sxrmcbs.tmall.com　电话：0351－4922159
E－mail：sxskcb@163.com　发行部
　　　　　sxskcb@126.com　总编室
网　　址：www.sxskcb.com

经 销 者：山西出版传媒集团·山西人民出版社
承 印 厂：廊坊市源鹏印务有限公司

开　　本：787mm×1092mm　　　1/16
印　　张：11
字　　数：270 千字
版　　次：2024 年 6 月　第 1 版
印　　次：2024 年 6 月　第 1 次印刷
书　　号：ISBN 978-7-203-12889-2
定　　价：88.00 元

如有印装质量问题请与本社联系调换

前　言

　　当下我们处在知识经济的时代，知识和技术的创新对经济发展的作用越来越重要，面对激烈的市场竞争，企业如果没有可靠的人才保证，很难在竞争中获得优势。知识经济带来的变化不仅仅体现在经济发展模式的多元化上，还表现在经济发展的全球化中，在这轮正在进行的经济竞赛中，如果企业想借助经济全球化的潮流做大做强，实现国际性的突破，不仅需要在战略规划上做出精细的安排，还必须有充足的人才储备做基础，因为企业技术的创新和变革，企业高层管理，跨国、跨文化管理，都必须依赖这些人才去完成。

　　当前我国企业的人力资源管理与国际先进水平还有很大的差距，人才的缺失和管理的落后不仅对我国经济的发展产生了一定程度的影响，也与知识经济及其全球化的发展趋势背道而驰，严重地阻滞我国企业"走出去"的战略步伐。在这种情况下，我国企业必须加强对人力资源管理的理论学习和实践创新。笔者希望自己多年积累的人力资源管理理论和实践经验能为我国企业改善和提高人力资源管理水平提供一些启发，故此编写了本书。

　　人力资源管理是一门涉猎广泛的综合学科，并且具有很强的实践性，它可以为企业制定人才战略、进行人力资源规划、开展人力资源管理实践提供科学的理论依据和实践指导。本书在创作上充分尊重人力资源管理的客观规律，在内容安排上充分考虑了人们认识客观事物的一般规律，即由理论认识到实际实行，并将理论与实践巧妙地进行了结合。本书在语言上追求通俗易懂，减少了晦涩术语的使用，极力保持语言的简明性和流畅性。

目 录

第一章　现代人力资源管理发展

第一节　人力资源管理的基本理论

要了解人力资源管理，首先要了解人力资源。有些人认为人口资源就是人力资源，从而得出我国是一个人力资源大国的结论，二者有着严格的区别。

一、人力资源的内涵

人口资源是个数量概念，是一个最基本的底数，人力资源产生于这个最基本的资源中。人口资源是指一个国家或地区所拥有的人口的总量，是一定空间范围内具有一定数量、质量与结构的人口总体，是进行社会生产不可缺少的基本物质条件。人口资源是其主体劳动力资源的自然基础，与一般意义的自然资源相同，也面临着合理和科学的开发利用的问题。不同的是，自然资源的数量与质量是天然形成的，且相对比较稳定，而人口资源的数量、质量、结构及动态特征不仅受生物与生态环境等自然因素的影响，还受人类社会所特有的政治、经济、文化等诸多因素的影响。

人口资源指在一个国家或地区中，处于劳动年龄、未到劳动年龄和超过劳动年龄但具有劳动能力的人口。人力资源是指一定时期内组织中的人所拥有的能够被企业所用且对价值创造起贡献作用的教育、能力、技能、经验、体力等的总称。人力资源强调人力作为生产要素在生产过程中的生产、创造能力，它在生产过程中可以创造产品、创造财富，促进经济发展。

在数量上，人力资源表现为某一特征范围内的人口；在质量上，人力资源表现为某一范围内人口所具有的现实和潜在的体力、智力、知识、技能和劳动态度等。它强调人具有劳动的能力，是人口数量与质量的统一。可以说，人口资源是人力资源的自然基础，人力资源更强调人口资源的内在质量，是数量和质量的统一。没有人口资源就没有所谓的人力资源，人口资源如果不经过开发和管理就没有高质量的人力资源。因此，考察一个国家或地区人力资源的丰富程度，不但要用人力资源的数量来衡量，更要用人力资源的质量来衡量。我国当前人力资源开发与管理的核心在于提高人力资源质量，让我国从人口资源大国走向人力资源大国。

二、人力资源管理的内涵

随着社会的发展，"人力"在社会发展中的作用越来越大，对人力资源的研究越来越多，专家学者从不同角度对人力资源下了不同定义，总结起来看，有两个要点：人力资源最本质的要素是劳动能力，包括体力劳动和脑力劳动；这种劳动能力能够用来创造财富，能够用来组织生产与生活。既然"人力资源"作为一种"资源"起着创造社会财富的作用，那么"人力资源"就需要科学的管理与规划。

人力资源管理是对人力资源的生产、开发、培育、配置和利用等环节的总称，可分为宏观与微观两个层次。宏观人力资源管理主要是针对一个国家或地区来说，即全社会的人力资源管理，侧重于从整体上对人力资源的形成、开发、培育、配置和利用的管理过程。具体而言，是指国家和政府采用各种切实有效的手段，充分挖掘人力资源的潜力，提高劳动力的质量，优化劳动力的结构，改善劳动力的组织和管理，以便使劳动力与生产资料的结合处于最佳状态，从而促进人的发展。

例如，国家为了推进人力资源管理，建立一系列制度和政策，采取一些必要的措施，如计划生育政策、人口规划管理、教育规划管理、职业技术培训与指导以及人力资源的就业与调配、劳动与社会保障等。

微观人力资源管理主要针对一个组织来说，是管理者在进行选人、育人、用人和留人等有关人员或人力资源方面的工作时所需要使用的概念和技术的总和，它包括执行并完善公司的人事制度与招聘计划、员工培训与发展规划、绩效评估、报酬与激励，以及维护人力资源的社会环境等方面的管理，它是一种管理体系。

微观人力资源管理的战略意义在于为组织建立一个适用于现代社会竞争环境的人力资源管理系统，把经验型和分散型的人事管理统一到以激励为中心的理论化和系统化的管理体系上来。

其直接意义是使组织能适应现代社会环境的变化，为组织创造最佳的用人效益，提高工作生活质量，并为组织的稳定和长远发展做好人力资源的工作。本文主要研究微观的人力资源管理，它是当前组织推进人的发展的重要手段。

三、人力资源管理的特点

人力资源管理是一门新兴的学科，注重人的心理和行为特征，重视"人"的作用。将"人"的全面发展放在了核心位置，强调人、事、职的最佳匹配，以获得最大化的管理效益。而近几年来，随着互联网文化的冲击，人力资源管理又呈现出新的特征，要求以人为本，机制灵活化，管理柔性化，机构扁平化。

（一）强调以人为本

现代企业人力资源管理已经充分认识到了"人"对企业生存与发展的重要性，充分认识到了"人"是企业的经济命脉，是企业的核心竞争力，是企业可持续发展的唯一支柱。因此，企业将"人"作为核心，视为企业第一"资本"，充分地开发人的潜在价值，以求取得更大效益。企业在人力资源管理过程中，不仅因岗择人，而且因人设岗，充分调动员工工作积极性，使员工更努力地为企业创造价值。现代企业人力资源管理"以人为本"，"着眼于人"，充分利用个体在知识层面与性格层面的差异来满足企业对员工的不同要求。同时，企业的人力资源得到了充分合理利用，使企业各项资源得到了优化配置，为企业取得了更大经济效益与社会效益。

以人为本并不是要求企业无条件牺牲自身发展利益以满足人的利益，也不是要求企业无条件放宽规章制度对人的要求，而是要求企业将人放在企业发展的核心位置，将关怀、信任、尊重、依靠等充满暖意的词语真诚地与员工相联系。实质上，人本主义的人力资源管理是一种管理理论与管理实践相结合的创新管理概念，这种创新实际上也是依靠传递的力量来促进企业发展的模式。换句话说，人是社会化的动物，人更是情感的动物。

企业给人的是平台、信任、尊重、满足、价值实现，那么人回馈给企业的将是成果、创新、财富与可持续发展。以人为本就是要求企业以实现人的全面发展为目标，从人的价值实现角度规划企业生存发展之路，以重视人的需要，鼓励人，培养人，以人为根本出发点为原则，以人的发展为根本目的，以"依靠谁""为了谁"为行动指南，真正将企业与人结合起来，充分凝聚二者的力量，充分发挥二者的优势，在促进人的全面发展的同时实现企业的可持续发展。

现代企业人力资源管理充分考虑"人"的核心价值，采用理性与感性的方式进行人力资源优化配置。现代企业人力资源管理具有理性管理的特点，因为任何一个企业选择与培养员工都是为企业服务的，任何一个员工的存在都是必须要为企业带来效益的，都是要体现存在价值的。人力资源理性管理不仅是企业内部发展规律的要求，也是社会优胜劣汰生存法则的必然规律。任何一个企业不遵循这样的规律都将被瞬息万变的社会所淘汰，最终淹没在历史的尘埃里。之所以说企业人力资源管理具有感性管理的特点，是因为企业在选人与用人上较多地考虑了人的个体差异、情感归属、自尊、价值等方面的需要，使人在工作中得到更多成就感与幸福感。多激励，少束缚；多肯定，少打击；多援助，少命令；多奉献，少索取；多团结，少孤立。充分发挥每个个体在集体中的特长，为集体创造更大的价值，反过来，集体为个体成长与成才提供更广阔的平台，全力地支持个体的发展，从而实现共赢。这就是企业与员工共生共赢的生存法则，也是企业人力资源管理将理性与感性相结合发挥作用的最显著成果。

（二）机制灵活化

在市场经济条件下，大多数企业产权明晰，受到政府干预比较少，能够独立自主地选择企业所需要的人才，结合企业发展目标与人员自身情况，进行人力资源的动态管理，不断地进行人力资源心理调节与开发，选择适合企业发展的员工。在选择与培养企业员工的过程中，通过对员工进行职业生涯规划，不断培训，不断地进行岗位调整与重组，做到"物尽其用，人尽其才"。在企业与员工互相适应与磨合的过程中，企业培养出最适合企业发展的员工，淘汰不适合的员工。人力资源管理灵活的用人机制不仅体现在选拔人才与培养人才上，还体现在薪酬制度上。现代企业拥有灵活多变的薪资标准与奖惩制度，根据员工的工作业绩、能力大小、职位高低等制定弹性的薪酬标准，鼓励勇于付出、敢于创新、表现优异的人才。在薪酬发放形式上也体现了灵活多变的特点，除了物质性的奖金与福利外，还会有精神上的肯定与鼓励，荣誉证书、光荣称号就是最好的精神性奖励。另外，除了物质上与精神上的薪酬标准外，企业还会通过晋升手段，给有业绩、有能力的员工于肯定，赋予他们更多的管理权力与职责范畴，以此来激励他们为企业创造更大的价值。

与传统用人机制相比，现代企业人力资源管理的灵活用人机制还体现在企业与雇员之间的自主选择权。在计划经济时代，人们追求"包分配""铁饭碗"，排斥自主创业，自主创业企业很难招到持续稳定的员工。现如今，在市场经济条件下，人们的观念发生了很大的转变，不再一味地追求稳定与安逸，而是寻求合适的企业平台去实现自身价值。企业选择适合人才，人才认同企业文化，在团结奋进的氛围中，企业与雇员之间的双向选择使人力资源得到了优化配置，促进了企业发展，促进了人才进步，更促进了社会可持续前进。

（三）管理柔性化

"柔性管理"是相对"刚性管理"提出来的。"刚性管理"以"规章制度为中心"，用制度约束管理员工。而"柔性管理"则"以人为中心"，对员工进行人格化管理。"柔性管理"的最大特点，在于它主要不是依靠外力，如发号施令，而是依靠人性解放、权力平等、民主管理，从内心深处来激发每个员工的内在潜力、主动性和创造精神，使他们能真正做到心情舒畅、不遗余力地为企业开拓优良业绩，成为企业在全球激烈的市场竞争中取得竞争优势的力量源泉。"柔性管理"的特征：内在重于外在，心理重于物理，身教重于言教，肯定重于否定，激励重于控制，务实重于务虚。显然，在知识型企业管理柔性化之后，管理者更加看重的是职工的积极性和创造性，更加看重的是职工的主动性和自我约束能力。

"柔性管理"在企业管理中的作用表现在三个方面：一是激发人的创造性。在工业社会，主要财富来源于资产，而知识经济时代的主要财富来源于知识。知识根据其存在形式，可分为显性知识和隐性知识，前者主要是指以专利、科学发明和特殊技术等形式存在的知识，后者则指员工的创造性知识、思想的体现。显性知识人所共知，而隐性知识只存在于员工的头脑中，难以掌握和控制。要让员工自觉、自愿地将自己的知识、思想奉献给企业，实现"知识共享"，单靠"刚性管理"不行，只能通过"柔性管理"。二是适应瞬息万变的外部环境。知识经济时代是信息爆炸的时代，外部环境的易变性与复杂性一方面要求战略决策者必须整合各类专业人员的智慧；另一方面又要求战略决策的出台必须快速。这意味着必须打破部门分工的界限，实行职能的重新组合，让每位员工或每个团队获得独立处理问题的能力、独立履行职责的权利，而不必层层请示。因此，仅仅靠规章制度难以有效地管理该类组织，而只有通过"柔性管理"，才能提供"人尽其才"的机制和环境，才能迅速准确作出决策，才能在激烈的竞争中立于不败之地。三是满足柔性生产的需要。在知识经济时代，人们的消费观念、消费习惯等也在不断地变化，满足"个性消费者"的需要，这是当代社会生产经营的必然趋势。知识型企业生产组织上的这种巨大变化必然要反映到管理模式上来，导致管理模式的转化，使"柔性管理"成为必然。

（四）机构扁平化

在现代企业组织结构中，"扁平化管理"是相对传统金字塔"垂直管理"结构的一种管理模式。传统金字塔"垂直管理"是由基层管理者、中层管理者、高层管理者，多个层次共同组成一个金字塔状的结构。董事长或总经理。处在塔尖，他们通过一级一级的管理层发布指令，最后传达到执行者。以往人力资源主管往往处于金字塔尖，除了人员的基本信息采自普通员工以外，更多的人力资源信息来源于组织外围（第三方招聘、档案托管部门等）或组织上层。人力资源管理多级（二级、三级……）管理模式，使成本增加，沟通减少。而扁平组织是指当企业规模扩大时，改变之前的增加管理层级的做法，改为增加管理幅度。当管理层级减少而管理幅度增加时，金字塔状的组织形式就被"压"成扁平状的组织形式。其目的是为解决企业层级结构的组织形式在现代环境下面临的难题，其特征在于管理层级少而管理幅度大。一般来说，"金字塔"代表着集权控制，扁平化的组织结构代表着灵活协作。

在现代企业中，凡是与人有关的事情均与人力资源开发与管理有关，但是作为一个人力资源开发与管理的部门，主要工作涉及四个方面内容：选人、育人、用人、留人。每一方面的工作可能是交叉的，也可能是相互影响的。

1. 选人

选人是人力资源开发与管理的第一步，也是十分重要的一步，如果选人选得好，那么育人就较容易，用人也得心应手，留人也方便。

（1）选人者本身要具有较高的素质和相应的专业知识。如果选人者不知何为人才，他就无法为企业招聘、选拔人才；如果选人者缺乏相应的专业知识，也无法去鉴别人才。

（2）被选者多多益善。一般情况下，被选者越多，越容易选出合适的人才。如果由于渠道不畅，被选者人数很少，就很难选择到合适的人才。

（3）被选者的层次结构要适当。并不是说任何岗位都应该选择最优秀的人才来担任最好，有时优秀人才反而干不好某一领域的具体工作。因此，选人时应考虑最适合的人，即"最适原则"高于"最优原则"。

2. 育人

育人，即培育人才，是人力资源开发与管理的主要工作之一。企业的发展主要靠人推动，而育人就是加强推动力。

（1）因材施教

每个人的素质、经历不同，缺乏的能力和知识也不同，应该针对每个人的特点，安排适当的培训计划。有的人需要短期培训，有的人需要长期培训；有的人需要兼职培训，有的人需要脱产培训。

（2）实用

企业育人与学校育人有本质的不同，企业育人重点是实用性，有时不一定要系统地介绍许多理论知识，但一定要与实践紧密地联系起来，使员工学以致用。

（3）避免育人不当

育人不当的含义十分广泛，这里主要指要避免有些能力较强、水平较高、工作较忙的人没机会参加培训；而让一些无所事事的闲人充塞培训班，这样会打击干事的人，鼓励大家混日子。

3. 用人

用人是人力资源开发与管理的一个主要目标，只有用人用得好，有关部门的工作才能卓有成效。

（1）量才录用

大材小用和小材大用对企业均不利，前者造成浪费，后者造成损失。

（2）工作丰富化

任何枯燥的、呆板的工作都会使员工感到工作乏味，应该充分考虑到员工的身心要求，重新设计工作，使工作尽可能丰富化。

（3）多劳多得，优质优价

在长期吃"大锅饭"的企业中，劳动生产率低下是必然的结果。

4. 留人

人才留不住是企业及人力资源开发与管理部门的失职。人才留不住不仅是本企业的巨大损失，而且会使竞争对手更强大，长期留不住人才的企业往往会陷于困境。

（1）薪资报酬

在当今社会中，薪资水平不仅是衡量一个人的劳动代价，而且往往也显示了一个人事业的成功与否。员工工作的第一目标是获得薪资收入。在同行业中，薪资较低的企业人才流向薪资较高的企业是一种趋势，这种趋势在短时期内不会改变。

（2）心理环境

如果一个人在某企业中得到重用，人际关系较和谐，心情较舒畅，这时虽然薪资较低，或者工作条件较差，他也会乐意为该企业做贡献。这是由于人除了低层次的需求外，还有高层次的需求。许多"跳槽"者往往埋怨原来企业的工作心理环境不好。因此，要留住人才，企业领导者一定要十分重视建设或重建员工心理环境。

在人力资源管理的功能中，选拔是基础，是人力资源管理工作的第一环节；培养是动态的持续过程，是员工与岗位契合的最重要手段；激励是目标，是企业效益通过人力资源得以实现的最可靠保证；维持是保障，保障优秀的人力资源为企业战略发展保驾护航。

第二节　企业人力资源管理的模式

改革开放以来，通过自身的实践、吸收国外先进理念及国内成功者的经验和教训，中国本土企业形成了不同风格的人力资源管理模式。这些模式的特点归纳起来有以下几方面：

一、标准化与创新性相结合

为了使人力资源管理在标准化与创新性之间取得平衡，采取灵活的人力资源管理政策。一方面，企业在岗位管理、绩效评估、晋升和薪酬计划等方面实行标准化；另一方面，在招聘、培训和福利政策上适当创新，以适应中国国情。企业在建立自己的人力资源管理模式的过程中，要认识到：岗位管理、绩效评估、薪酬、晋升和职业生涯管理等是人力资源管理基础性的工作，企业对这些方面要尽量规范化和标准化；招聘、培训和福利等受国家政策等因素影响较大，企业可以依据自身情况灵活变通。对企业人力资源管理某一环节或者某一工作方法进行创新，如招聘方法、培训内容与手段、考试方式与指标、激励机制、绩效测评、福利设计等方面。

二、外部化与内部化相统一

随着市场环境的急速变化，我国企业人力资源管理所面临的最大挑战是适应无休止的变化。企业需要不断地改善和变革内部管理，着眼于全球化社会大背景下的战略性人力资源管理研究，将企业的战略目标与人力资源管理相结合，将外国先进的人力资源管理方法与实践引入国内，并应用于实践，将国际化人才引进企业，并不断开发，培养适合本企业的应用复合型人才。广泛学习各种管理模式，不断创新，以更快、更顺畅地适应新的要求。企业在人力资源管理中，需要更多地关注人力资源管理如何配合企业战略（即外部化），而非如何实现人力资源管理活动之间的匹配性和系统性（即内部化）。在中国目前的市场环境下，积极主动地配合企业战略的人力资源管理模式，比只关注内部系统性和一致性的人力资源管理模式，更能提升企业绩效。

三、"文化管理"成为企业人力资源管理的核心内容

中国是传统的礼仪之邦，"感情"是人们之间交往的重要纽带，也成了企业经营发展的润滑剂、黏合剂和有效的人力资源管理手段。随着时代的发展和社会的进步，新的管理思想和管理理念不断深入企业管理之中。企业清醒地认识到：要想获得可持续发展，必然要有一种比感情更强大的力量来维系和支撑，这种强大的力量就是企业文化。

企业文化是指企业在实践活动中所形成的并且为企业成员普遍认可和遵循的具有本企业特色的价值观念、团体意识、工作作风、行为规范和思维方式的总和。"文化管理"在中国的企业中得到了高度重视和广泛应用。《2007：中国企业长青文化研究报告》为我们展示了多家公司的文化特征，类比动物的运动特性而呈现出了具有自然崇拜的四种文化：尊重、友好——人本型的象文化，代表企业有万科、青啤、长虹、海信、远东、雅戈尔、红塔、格兰仕、三九和波登；强者、冒险——活力型的狼文化，华为、国美、格力、娃哈哈、李宁、比亚迪、复星、吉利，都是中国企业狼文化的典型代表；目标、绩效——市场型的鹰文化，该文化的代表企业有 TCL、联想、伊利、平安、光明、春兰、喜之郎、小天鹅、雨润、思念等；温和、敏捷——稳健型的羚羊文化，这类文化的代表性企业有海尔、中兴、苏宁、美的、汇源、燕啤等。这些各具文化特色的企业，运用"文化管理"使企业的人力资源管理取得了巨大的成功，为企业的做大做强提供了强大的人力资源保障。

四、寻求最佳人力资源管理实践

为了提高企业绩效，企业必须探索最佳人力资源管理实践，找到能有效支持公司战略、提升企业绩效的人力资源管理模式。研究表明，两种类型的人力资源实践直接影响组织绩效：一种是以招聘和培训为核心的员工技能发展类实践，另一种是基于绩效的员工激励类实践，如将奖金和绩效挂钩。目前，我国企业人力资源管理，最迫切的工作是如何提升员工素质，如何通过将业绩与奖金挂钩等激励机制，来激发员工的积极性和主动性。

哪种人力资源管理模式最适用？一家企业应如何选择适合自己的人力资源管理模式？这其中要考虑的因素有很多。人力资源管理模式必须要立足企业内部，考虑到企业的文化、经营理念、所有权形式，企业的规模、战略制定、所处的生命周期和内部员工结构的特点等因素，对企业的内部管理起到辅助支撑作用。人力资源管理应该同时适应企业外部的环境情况。企业要想获得成功，必须选择适合自己生存环境和特定历史条件的管理模式，解决好环境和条件提出的挑战。成功的模式不是一成不变的，企业要想不断获得成功，就必须随时研究外部环境的新变化，并针对变化而对企业的管理模式作相应的调整。最合适即为最好。一种人力资源管理模式的进步与否，关键是看其与当时特定历史时期的现实背景是否一致。只要二者是一致、适宜的，便是最为理想的、最好的人力资源管理模式，并不是最先进的就是最好的。

第三节　人力资源管理的未来趋势

随着国际社会对人力资源开发战略地位认识的不断强化，人力资源发展理论研究的不断深化，以及人力资源发展工作在世界范围内的不断展开，在整个世界范围内，人力资源的发展无论在观念形态上，还是在实际行为上，都出现了一些新的趋向，这些趋向反映了世界范围内人力资源发展方向的基本趋势。

一、人力资源管理的发展趋势

（一）从现场管理到非现场管理——非现场管理越来越重要

网络技术的发展，现代通讯手段的升级，无线联络、电子邮件、网络会议等的使用正成为人们日常工作联系的主要方式。同时，城市的扩大和交通的发达，使企业工作场所正由统一集中向点式分布扩大，员工居住地也越来越分散，居家办公进一步普及，在家工作正成为现代劳动就业的重要发展趋势。随着知识密集型产业的快速发展，知识型员工的人数逐渐超过从事传统制造业和服务业的人数，目标导向、绩效导向、工作以项目为核心的发展趋势日益明显。传统的劳动人事管理主要局限于员工在企业中、上班时间内的行为管理；而现代人力资源管理已经开始将影响组织绩效、员工工作绩效的一切因素考虑在内，大大拓展了人力资源管理的范围。

（二）从动荡流动到稳定内敛——人力资源趋向法制化

近年来，随着市场化的发展，全国范围内的人才流动不断加剧，尤其是近几年来，人才终身服务于一家"单位"的现象几乎已不复存在。

劳动力的大规模迁移或人才的快速流动也给企业人力资源管理带来了严峻的挑战。由于人才流动不仅可能大大增加企业的管理成本，影响企业的生产效率，而且可能导致客户的外流和商业机密的泄漏，使企业遭受不可估量的重大损失。所以人才竞争越来越激烈，与此相伴，人员流动也更加频繁，劳动力市场呈季节性动荡、人才市场处于一种非严格规范的状态之中。

实行劳动合同法是一个转折点。这些法律法规的实施，将加速人力资源管理法制化进程，逐步实现从动荡、无序流动到稳定、内敛的转变。法制化将大大改变管理的主观随意性，提升管理的科学化水平，加速我国管理包括人力资源管理与国际接轨的进程，使其逐步达到与国际通行的普遍规则相一致的程度。

（三）从相对低成本到相对高成本——人力资源成本快速提高

随着企业之间的竞争特别是人才竞争的日趋激烈，一方面，需要引入人才的公司会提供更好的条件来吸引优秀人才；另一方面，公司要想方设法留住优秀员工，其留人的主要条件便是薪酬福利。这两方面的原因都会促使企业投入更高的成本来进行薪酬福利项目的设计与执行。除了法定福利项目外，企业在公司自主福利项目的建立上也会越来越投入。这样相互攀比将使企业薪酬福利的投入越来越多，用工成本越来越高。

（四）从自给自足到分工合作——人力资源外包逐渐成为潮流

过去，企业的人力资源管理总是追求大而全，或许是工作性质的"特殊性"，一般都希望万事不求人，用"可靠的"自己人做好自己的事。但现在情况变了，观念也变了，人力资源外包应运而生。其实质是降低成本、提高效率，从而有效地适应外部环境，使企业人力资源和机构运行更精干、灵活、高效，实现企业可持续性竞争优势和战略目标。

外包就是将组织的人力资源活动委托给组织外部的专业机构承担，基础性管理工作向社会化的企业管理服务网络转移，如档案管理、社会保障、职称评定等庞杂的事务性工作、知识含量不太高的工作等，逐渐从企业内部人力资源部门转移出去，而工作分析、组织设计、招聘培训、绩效考核等具有专业性的职能则交给外部管理咨询公司。例如，对员工的培训需要专业的培训人员以及培训设备，单靠人力资源管理部门的努力难以从根本上提高员工的技能水平。因此，为了更好地开展工作，机构和组织可以将人力资源部门中的培训职能进行分化，将人才的培训工作向社会化的专业培训机构进行转移，这类的培训机构一般由大批某方面专业素养水平较高的专家和实际工作者组成，将人力资源的培训分化到这类培训机构不仅可以降低组织和机构的管理成本，也可以从根本上提高员工的专业技能，促进组织和机构的良性发展。在发达国家和跨国企业，人力资源外包已经成为潮流。我国企业也必将顺应趋势，从自给自足过渡到更加注重分工合作。

（五）从手工过渡到自动化——网络化管理正在加速发展

未来的人力资源管理将有更多的新技术应用到管理中来。新技术和新的商业模式会催生新的组织管理方式。移动互联和社交媒体等技术的广泛应用为组织管理的各个场景提供了新的沟通媒介；新技术能帮助企业灵活地整合与配置人力资源，突破组织内部、外部的各种边界；员工可以用更灵活的方式参与更加个性化的培训。当前，很多企业在运用新技术管理人力资源方面才刚刚起步，亟须提升人才管理的技术融合力，把新技术融入人才运营的实践中。

网络化是实现有效管理和战略管理的重要手段，数据系统可以解决显性知识的收集和共享问题。21 世纪大数据的应用，尤其是互联网的普及，加快了企业数据化的进程。互联网的迅猛发展和应用、网络经济的形成改变了整个企业管理的模式。同样，人力资源管理的方式也突破了地域和时间的限制，网上招聘、网上沟通、网络管理等成为人力资源管理的现代化手段。这些新技术的应用，改变了人力资源管理的方式，也要求人力资源管理要不断地应用这些新技术，去创造人力资源管理的新途径、新方法、新形式。

全球经济一体化加剧了企业之间的竞争，企业对人力资源管理的观念产生了重大的变化，逐渐意识到为了获取独特的竞争优势，人力资源管理必须从事务性的角色转变到战略合作伙伴角色。数据处理技术在人力资源管理领域的应用及时地满足了企业的这些需求。知识经济的发展、人力资源管理信息化成为企业关注的焦点，企业通过导入人力资源管理软件系统，建立了一个综合性的、功能丰富的人力资源平台，实现了企业人力资源的优化和管理的现代化。目前，加快大数据建设成为我国企业的焦点，诸如人事信息管理、薪酬福利管理、岗位管理、员工培训管理、全面绩效管理等已经纳入企业的完整人力资源管理系统之中。

（六）从分割到统筹区域合作导致人力资源循环经济圈形成

今后的努力方向就是为了更好地发挥我国人力资源优势，进一步解放和发展生产力，统筹机关企事业单位人员管理，整合人才市场与劳动力市场，建立统一规范的人力资源市场，促进人力资源合理流动和有效配置，统筹就业和社会保障政策，建立健全从就业到养老的服务和保障体系，从而真正形成全国性人力资源管理与开发体系，促进人力资源竞争力的全区域整合。

（七）从国内竞争到国际竞争——劳动力大国正在向人力资源强国过渡

随着我国经济的快速发展，人力资源出现了许多新的特点。一方面，人口出生率在减少；另一方面，人口老龄化在加剧。未来 10 年我国企业将面临人力资源的短缺局面，将从强调劳动力规模和廉价优势过渡到注重建设人力资源强国。

（八）从泛化普遍适用过渡到职业和专业——职业化和专业化进一步加强

人力资源价值的显现和地位的提升，使人力资源管理成为一个热门行当，对人力资源管理者本身也提出了越来越高的要求。现代人力资源管理的内容已经突破了传统的封闭体系，正在不断创新。不仅人们的观念需要转变，而且人力资源管理者需要具备许多素质特征和技术手段。人力资源管理是一门最具实践性的学问，但是现实在走极端：搞管理的很多不懂理论，懂理论的基本不搞管理，理论与实践相结合的空间十分巨大。

二、发展趋势对人力资源管理者的要求

人力资源管理专家是运用专业知识和技能研究开发企业的人力资源产品与服务，为企业人力资源问题的解决提供咨询，提高组织人力资源开发与管理的有效性。其具体内容和功能在前面已有介绍，不再赘述。而战略合作伙伴或战略与业务合作伙伴、变革的推动者和员工利益维护者是新增的三块职能，都有很重要的含义。

（一）战略合作伙伴

战略合作伙伴是企业战略决策的参与者，其提供基于战略的人力资源规划及系统解决方案，将人力资源纳入企业的战略与经营管理活动当中，使人力资源与企业战略相结合。人力资源管理者必须能够充分地理解企业的战略，并且基于这种战略构建人力资源管理体系，以此支持战略，实现人力资源管理体系与战略的匹配，最终使企业获得高业绩。

通常来说，制订战略是公司管理团队的责任，要想成为管理层的合格战略伙伴，人力资源管理者应该引导大家讨论公司需要采取什么样的组织形式来执行战略。一种可行的四步骤方案如下：一是人力资源部应负责规划企业的组织架构；二是人力资源部必须承担组织审查的职责；三是为组织架构亟须变革之处提供解决方法；四是人力资源部必须评估自己手头的工作并分清任务的轻重缓急。

（二）变革的推动者

企业现在处在一个迅速变化的环境中，就像杜拉克的经典名言"企业唯一不变的就是变化本身"，那么人力资源管理体系怎么样适应这种变化，不断地保持人力资源管理体系的适应性，是人力资源管理者一个不可逃避的责任。从这个角度来说，人力资源管理者要把很大的精力放在使人力资源管理体系与企业的经营环境的变化保持一致上，这个新的职能就是变革的推动者。

人力资源部帮助组织形成应对变革和利用变革的能力，确保公司的愿景宣言能够转化为具体行动。作为变革推动者，人力资源部的经理和员工无须自己实施变革，但是要提高员工对组织变革的适应能力，妥善处理组织变革过程中的各种人力资源问题，推动组织变革进程，确保变革在公司上下得到执行。人力资源经理的新职责要求人力资源从业人员彻底改变自己的思维方式和行为方式，参与变革与创新、组织变革并购与重组、组织裁员、业务流程再造等过程中的人力资源管理实践。同时，这还对高管人员对人力资源部的期望及与人力资源部打交道的方式提出新的要求，如他们应当向人力资源部提出更高要求，把人力资源部当作一项业务来投资，并克服对人力资源人员的成见——认为他们只是些没什么本事、只会损害公司价值的辅助性人员。

（三）员工利益维护者

员工的利益要有人来维护，确保员工对公司的积极投入，是人力资源部不可推卸的责任。为此，人力资源管理者必须负责培训和指导直线管理人员，使他们明白保持员工的士气高昂有多么重要，以及如何实现这一目标。此外，人力资源部应该向员工提供个人与职业发展的机会，并提供各种资源以帮助员工达到公司对他们的要求。

不管是被动地适应工会，还是主动地创造和谐的关系，人力资源管理者的一个新的职能作用就是与员工沟通，及时了解员工的需求，为员工及时提供支持，保护员工的利益，成为员工利益的代言人，最终创造一个和谐的环境，提高员工满意度，增强员工忠诚感，通过让员工满意达到高绩效的结果。

第二章　人力资源规划

第一节　人力资源规划概述

要准确理解人力资源规划的概念，必须把握以下五个要点：

一、人力资源规划是在组织发展战略和目标的基础上进行的

企业的战略目标是人力资源规划的基础，人力资源管理是组织管理系统中的一个子系统，要为组织发展提供人力资源支持，因此人力资源规划必须以组织的最高战略为坐标，否则人力资源规划将无从谈起。

二、人力资源规划应充分考虑组织外部和内部环境的变化

一方面，企业外部的政治、经济、法律、技术、文化等一系列因素的变化导致企业外部环境总是处于动态的变化中，企业的战略目标可能会随之不断发生变化和调整，从而必然会引起企业内人力资源需求的变动。另一方面，在企业的发展过程中，不可避免地会出现员工的流出或工作岗位的变化，这可能会引起企业人力资源状况的内部变化。因此，需要对这些变化进行科学的分析和预测，使组织的人力资源管理处于主动地位，确保企业发展对人力资源的需求。

三、人力资源规划的前提是对现有人力资源状况进行盘点

进行人力资源规划，首先要立足于企业现有的人力资源状况，从员工数量、年龄结构、知识结构、素质水平、发展潜力和流动规律等几个方面，对现有的人力资源进行盘点，并运用科学的方法，找出目前的人力资源状况与未来需要达到的人力资源状况之间的差距。为人力资源规划的制订奠定基础。

四、人力资源规划的目标是制定人力资源政策和措施

例如，为了适应企业发展需要，要对内部人员进行调动补缺，就必须有晋升和降职、外部招聘和培训，以及奖惩等方面的切实可行的政策和措施来加以协调和保障，才能保证人力资源规划目标的实现。

五、人力资源规划最终目的是要使企业和员工都获得长期的利益

企业的人力资源规划不仅要关注企业的战略目标，还要切实关心企业中每位员工在个人发展方面的需要，帮助员工在实现企业目标的同时实现个人目标。只有这样，企业才能留住人才，充分发挥每个人的积极性和创造性，提高每个人的工作绩效；企业才能吸引、招聘到合格的人才，从而最终提高企业的竞争能力，实现企业的战略目标。

人力资源规划不仅在企业的人力资源管理活动中具有先导性和战略性，而且在实施企业总体规划中具有核心的地位。具体而言，人力资源规划的作用体现在以下几个方面。

（一）有利于组织制定战略目标和发展规划

一个组织在制定战略目标、发展规划以及选择决策方案时，要考虑到自身资源，特别是人力资源的状况。人力资源规划是组织发展战略的重要组成部分，也是实现组织战略目标的重要保证。人力资源规划促使企业了解与分析目前组织内部人力资源余缺的情况，以及未来一定时期内的人员晋升、培训或对外招聘的可能性，有助于目标决策与战略规划。

（二）确保企业在发展过程中对人力资源的需求

企业内部和外部环境总是处在不断发展变化中，这就要求企业对其人力资源的数量、质量和结构等方面不断进行调整，以保证工作对人的需要和人对工作的适应。企业如果不能事先对人力资源状况进行系统的分析，并采取有效措施，就会不可避免地受到人力资源问题的困扰。虽然较低技能的一般员工可以短时间内通过劳动力市场获得，但是对企业经营起决定性作用的技术人员和管理人员一旦出现短缺，则无法立即找到替代人员。因此，人力资源部门必须注意分析企业人力资源需求和供给之间的差距，制订各种规划，不断满足企业对人力资源多样化的需要。

（三）有利于人力资源管理工作的有序进行

人力资源规划作为一种计划功能，是人力资源管理的出发点，是任何一项人力资源管理工作得以成功实施的重要步骤。人力资源规划具有先导性和战略性，是组织人力资源管理活动的基础，它由总体规划和各种业务计划构成，可以在为实现组织目标进行规划的过程中，为人力资源管理活动，如人员的招聘、晋升、培训等提供可靠的信息和依据，从而保证人力资源管理活动的有序进行。

（四）控制企业的人工成本和提高人力资源的利用效率

现代企业的成本中最大的是人力资源成本，而人力资源成本在很大程度上取决于人员的数量和分布情况。在一个企业成立初期，低工资的人员较多，人力资源成本相对较低；随着企业规模的扩大，员工数量增加，员工职位升高，工资水平上涨，人力资源成本有所增加。如果没有科学的人力资源规划，难免会出现人力资源成本上升，人力资源利用效率下降的情况。因此，人力资源规划可以有计划地调整人员数量和分布状况，把人工成本控

制在合理的范围内，提高人力资源的利用效率。

（五）调动员工的积极性和创造性

人力资源规划不仅是面向组织的计划，也是面向员工的计划。许多企业面临着源源不断的员工跳槽，表面上看来是因为企业无法给员工提供优厚的待遇或者晋升渠道。其实是人力资源规划的空白或不足，因为并不是每个企业都能提供有诱惑力的薪金和福利来吸引人才，许多缺乏资金、处于发展初期的中小企业照样可以吸引到优秀人才并迅速成长。它们的成功之处不外乎立足企业自身情况，营造企业与员工共同成长的组织氛围。组织应在人力资源规划的基础上，引导员工进行职业生涯设计和发展，让员工清晰地了解自己未来的发展方向，看到自己的发展前景，从而去积极、努力争取，调动其工作积极性和创造性，共同实现组织的目标。

第二节　人力资源的供需预测

人力资源供需预测是人力资源规划的基础。它是一项技术性较强的工作，其中涉及许多专门的技术和方法。同时，人力资源供需预测也是企业人力资源规划的核心内容。本节将对这一核心内容进行比较详细的探讨，其中，预测方法的介绍将成为本节的重点。

一、人力资源需求预测

人力资源需求预测就是为了实现企业的战略目标，根据企业所处的外部环境和内部条件，选择适当的预测技术，对未来一定时期内企业所需人力资源的数量、质量和结构进行预测。在进行人力资源需求预测之前，先要确定岗位将来是否确实有必要存在，该工作的定员数量是否合理，现有工作人员是否具备该工作所要求的条件，未来的生产任务、生产能力是否可能发生变化等。

（一）影响企业人力资源需求的因素

企业对人力资源的需求受到诸多因素的影响，归结起来主要分为两类：企业内部因素和企业外部环境。

1. 企业内部因素

（1）企业规模的变化。企业规模的变化主要来自两个方面：一是在原有的业务范围内扩大或压缩规模；二是增加新的业务或放弃旧的业务。这两个方面的变化都会对人力资源需求的数量和结构产生影响。企业规模扩大，则需要的人力就会增加，新的业务更需要掌握新技能的人员；企业规模缩小，则需要的人力也将减少，于是就会发生裁员、员工失业。

（2）企业经营方向的变化。企业经营方向的调整，有时并不一定导致企业规模的变化，但对人力资源的需求会发生改变。比如，军工产业转为生产民用产品，就必须增加市场销售人员，否则将无法适应多变的民用市场。

（3）技术、设备条件的变化。企业生产技术水平的提高、设备的更新，一方面会使企业所需人员的数量减少；另一方面，对人员的知识、技能的要求会随之提高，也就是所需人员的质量提高。

（4）管理手段的变化。如果企业采用先进的管理手段，会使企业的生产率和管理效率提高，从而引起企业人力资源需求的变化。比如，企业使用计算机信息系统来管理企业的数据库，企业的工作流程必定会简化，人力资源的需求也会随之减少。

（5）人力资源自身状况。企业人力资源状况对人力资源需求也存在重要的影响。例如，人员流动比率的大小会直接影响企业对人力资源的需求。人员流动比率反映企业中由于辞职、解聘、退休及合同期满而终止合同等原因引起的职位空缺规模。此外，企业人员的劳动生产率、工作积极性、人才的培训开发等也会影响企业对人力资源的需求。

2. 企业外部环境

外部环境对企业人力资源需求的影响，多是通过企业内部因素起作用的。影响企业人力资源需求的外部环境主要包括经济、政治、法律、技术和竞争对手、顾客需求等。例如，经济的周期性波动，会引起企业战略或规模的变化，进而引起人力资源需求的变化；竞争对手之间的人才竞争，会直接导致企业人才的流失；顾客的需求偏好发生改变，会引起企业经营方向的改变，进而也会引起人力资源需求的变动。

第三节　人力资源规划的执行与控制

一、人力资源规划的执行

人力资源规划过程中所制定的各项政策和方案，最终都要付诸实施，以指导企业具体的人力资源管理实践，这才是完整的人力资源规划职能。

（一）规划任务的落实

人力资源规划的实施成功与否取决于组织全体部门和员工参与的积极性。因此，通过规划目标和方案的分解与细化，可以使每个部门和员工明确自己在规划运行过程中的地位、任务和责任，从而争取每个部门和员工的支持而顺利实施。

1. 分解人力资源规划的阶段性任务

通过设定中长期目标，使人力资源规划目标具体到每一阶段、每一年应该完成的任务，并且必须定期形成执行过程进展情况报告，以确保所有的方案都能够在既定的时间执行到位，也使规划容易实现，有利于规划在实施过程中的监督、控制和检查。

2. 人力资源规划任务分解到责任人

人力资源规划的各项任务必须有具体的人来实施，使每一个部门和员工都能够了解本部门在人力资源规划中所处的地位、所承担的角色，从而积极主动地配合人力资源管理部门。现代人力资源管理工作不仅仅是人力资源管理部门的任务，也是各部门经理的责任，人力资源规划也是如此。

二、人力资源规划实施的控制

为了能够及时应对人力资源规划实施过程中出现的问题，确保人力资源规划能够正确实施，有效地避免潜在劳动力短缺或劳动力过剩，需要有序地按照规划的实施控制进程。

（一）确定控制目标

为了能对规划实施过程进行有效控制，首先需要确定控制的目标。设定控制目标时要注意：控制目标既能反映组织总体发展战略目标，又能与人力资源规划目标对接，反映组织人力资源规划实施的实际效果。在确定人力资源规划控制目标时，应该注意控制一个体系，通常由总目标、分目标和具体目标组成。

（二）制定控制标准

控制标准是一个完整的体系，包含定性控制标准和定量控制标准两种：定性控制标准必须与规划目标相一致，能够进行总体评价，例如，人力资源的工作条件、生活待遇、培训机会、对组织战略发展的支持程度等；定量控制标准应该能够计量和比较，例如，人力资源的发展规模、结构、速度等。

（三）建立控制体系

有效地实施人力资源规划控制，必须有一个完整、可以及时反馈、准确评价和及时纠正的体系。该体系能够从规划实施的具体部门和个人那里获得规划实施情况的信息，并迅速传递到规划实施管理控制部门。

（四）衡量评价实施成果

该阶段的主要任务是将处理结果与控制标准进行衡量评价，解决问题的方式主要有：

一是提出完善现有规划的条件，使规划目标得以实现；二是对规划方案进行修正。当实施结果与控制标准一致时，无须采取纠正措施；实施结果超过控制标准时，提前完成人力资源规划的任务，应该采取措施防止人力资源浪费现象的发生；当实施结果低于控制标准时，需要及时采取措施进行纠正。

（五）采取调整措施

当通过对规划实施结果的衡量、评价，发现结果与控制标准有偏差时，就需要采取措施进行纠正。该阶段的主要工作是找出引发规划问题的原因，例如，规划实施的条件不够，实施规划的资源配置不力等，然后根据实际情况做出相应的调整。

三、人力资源信息系统的建立

人力资源规划作为一项分析与预测工作，需要大量的信息支持，有效的信息收集和处理，会大大提高人力资源规划的质量和效率。因此，企业进行人力资源信息管理工作具有重要的意义。

随着企业人力资源管理工作的日益复杂，人力资源信息系统涉及的范围越来越广，信息量也越来越大，并与企业经营管理其他方面的信息管理工作相联系，成为一个结构复杂的管理系统。企业的人力资源信息系统主要有两个目标。第一个目标是通过对人力资源信息的收集和整理提高人力资源管理的效率；第二个目标是有利于人力资源规划。人力资源信息系统可以为人力资源规划和管理决策提供大量的相关信息，而不是仅仅依靠管理人员的经验和直觉。

（一）人力资源信息系统的内容

1. 完备的组织内部人力资源数据库。这其中包括企业战略、经营目标、常规经营信息，以及组织现有人力资源的信息'根据这些内容可以确定人力资源规划的框架。

2. 企业外部的人力资源供求信息和影响这些信息的变化因素。例如，外部劳动力市场的行情和发展趋势、各类资格考试的变化信息、政府对劳动用工制度的政策和法规等，这些信息的记录有利于分析企业外部的人力资源供给。

3. 相关的软硬件设施。这包括专业的技术管理人员、若干适合人力资源管理的软件和计量模型、高效的计算机系统和相关的网络设施等，这些是现代化的人力资源信息系统的物质基础。

（二）人力资源信息系统的功能

1. 为人力资源规划建立人力资源档案。利用人力资源信息系统的统计分析功能，组织能够及时、准确地掌握组织内部员工的相关信息，如员工数量和质量、员工结构、人工成本、培训支出及员工离职率等，确保员工数据信息的真实性，从而有利于更科学地开发与管理组织人力资源。

2. 通过人力资源档案制定人力资源政策和进行人力资源管理的决策。例如，晋升人选的确定、对特殊项目的工作分配、工作调动、培训，以及工资奖励计划、职业生涯规划和组织结构分析。

达到组织与员工之间建立无缝协作关系的目的。以信息技术为平台的人力资源信息系统，更着眼于实现组织员工关系管理的自动化和协调化，该系统使组织各层级、各部门间的信息交流更为直接、及时、有效。

第三章　员工招聘

第一节　员工招聘概述

一、员工招聘的概念

员工招聘是指组织为了实现经营目标与业务要求，在人力资源规划的指导下，根据工作说明书的要求，按照一定的程序和方法，招募、甄选、录用合适的员工担任一定职位。准确理解员工招聘的定义，应当把握以下几个要点。

（1）人力资源规划和工作分析是确保招聘科学有效的两个前提。人力资源规划决定了预计要招聘的部门、职位、数量、专业和人员类型。工作分析为招聘提供了参考依据，同时也为应聘者提供了关于该职位的基本信息。人力资源规划和职位分析使得企业招聘能够建立在比较科学的基础上。

（2）员工招聘工作主要包括招募、甄选和录用。人员招聘必须发布招聘信息，通过信息发布，让所有具备条件的人员知晓并吸引他们前来应聘。除了发布信息寻求潜在职位候选人之外，招聘工作还包括人员甄选和人员录用等内容。招募、甄选、录用是员工招聘工作的基本流程。

（3）人岗匹配是员工招聘的重要原则。成功的招聘活动应该实现人员与岗位的匹配，既不能出现大材小用，也不能出现小材大用。

（4）招聘的最终目标是满足组织生存和发展的需要。招聘是人力资源管理的重要职能活动之一，招聘工作和其他的人力资源管理模块一样，都必须服从和服务于组织的战略和目标需要。

二、员工招聘的目标

（1）恰当的时间，就是要在适当的时间完成招聘工作，以及时补充企业所需的人员，这也是对招聘活动最基本的要求。

（2）恰当的范围，就是要在恰当的空间范围内进行招聘活动，这一空间范围只要能够吸引到足够数量的合格人员即可。

（3）恰当的来源，就是要通过适当的渠道来寻求目标人员，不同的职位对人员的要求是不同的，因此要针对那些与空缺职位匹配程度较高的目标群体进行招聘。

（4）恰当的信息，就是在招聘之前要对空缺职位的工作职责内容、任职资格要求以及企业的相关情况做出全面而准确的描述，使应聘者能够充分了解有关信息，以便对自己的应聘活动做出判断。

（5）恰当的成本，就是要以最低的成本来完成招聘工作，当然这是以保证招聘质量为前提条件的，在同样的招聘质量下，应当选择费用最少的方法。

（6）恰当的人选，就是要把最合适的人员吸引过来参加企业的招聘，并通过甄选挑选出最合适的人选。

三、员工招聘的原则

（一）公平公正原则

员工招聘必须遵循国家的法律、法规和政策的规定，坚持平等就业、双向选择、公平竞争，在一定范围内面向社会公开招聘条件，对应聘者进行全面考核，公开考核的结果，通过竞争择优录用。

（二）因事择人原则

因事择人就是以事业的需要、岗位的空缺为出发点，根据岗位对任职者的资格要求来选用人员。只有这样，才可以做到事得其人，人适其事，防止因人设事，人浮于事的现象。

（三）人岗匹配原则

人岗匹配是招聘工作的重要目标，也是指导组织招聘活动的重要原则。人岗匹配意味着岗位的要求与员工的素质、能力、性格等相匹配。要从专业、技能、特长爱好、个性特征等方面衡量人员与岗位之间的匹配度。另外，人岗匹配也要求岗位提供的报酬与员工的动机、需求匹配，只有岗位能满足应聘者个人的需要，才能吸引、激励和留住人才。

（四）德才兼备原则

德才兼备是我们历来的用人标准。司马光说过一个千古不灭的道理：德才兼备者重用，有才无德者慎用，无德无才者不用。通用电气公司前总裁韦尔奇在他的"框架理论"中也说过此事。他以文化亲和度（品德）为横坐标，以能力为纵坐标，坐标内画十字，这样就把员工分成四类。在谈到对这四类不同员工的政策时，韦尔奇唯独对有能力但缺少文化亲和度（品德）的人提出了警告。因为无德无才的人没有市场和力量，并不可怕，唯独有才无德的人是最有迷惑力和破坏力的，许多企业失败与用错这种人有关。为此，在招聘选用工作中，必须对有才无德的人坚持不用。

（五）效率优先原则

效率优先是市场经济条件下一切经济活动的内在准则，员工招聘工作也不例外。招聘过程中发生的成本主要包括广告费用、宣传资料费用、招聘人员工资补助等。效率优先要求企业在招聘过程中以效率为中心,力争用最少的招聘成本获得最适合组织需要的员工。这就需要人力资源部门和其他部门密切配合,在招聘时采取灵活的方式,利用适当的渠道,作出合理的安排,以提高招聘工作的效率。

四、员工招聘的作用

(一)招聘工作保证企业正常的经营与发展

招聘是企业能够正常运作的前提,一方面,如果没有招聘到合适的员工,企业的研发、生产、销售等工作无法进行,因为这些工作都是由人的活动来完成的;另一方面,在组织中,人员的流动如离职、晋升、降职、退休都是正常和频繁的现象,通过开展招聘活动,可以及时补充人力资源的不足,同时促进企业人力资源的新陈代谢,确保企业正常的经营与发展。

(二)招聘工作为企业注入新的活力,决定了企业竞争力的大小

企业通过招聘工作为企业引进新的员工,新员工将新的管理思想、工作模式和新的观念带到工作中,既为企业增添了新生力量,弥补了企业内部现有人力资源的不足,又给企业带来了更多的新思维、新观念及新技术。如今,企业间的竞争越来越表现为人的竞争,对优秀人才的争夺也成为企业间较量的一个重要方面。有效的招聘可以为企业赢得组织发展所需要的人才,获得比竞争对手更优秀的人力资源,从而增强企业的竞争力。

(三)招聘工作能提升企业知名度,为企业树立良好的形象

企业通过各种渠道发布招聘信息可以提升企业的知名度,让社会各界更加了解企业,招聘活动是企业对外宣传的一条有效途径。因为企业在招聘的过程中要向外部发布企业的基本情况、发展方向、方针政策、企业文化、产品特征等各项信息,这些都有助于企业更好地展现自身的风貌,使社会更加了解企业,营造良好的外部环境,从而有利于企业的发展。研究表明,公司招聘过程的质量高低明显地影响应聘者对企业的看法,招聘人员的素质和招聘工作的质量在一定程度上被视为公司管理水平和公司效率的标志。正因为如此,现在很多外企对校园招聘给予高度的重视,一方面是要吸引优秀的人才,另一方面也是在为企业做形象宣传。

(四)招聘工作影响着人力资源管理的成本

作为人力资源管理的一项基本职能,招聘活动的成本构成了人力资源管理成本的重要组成部分,招聘成本主要包括广告的费用、宣传资料的费用、招聘人员的工资等,全部的费用加起来一般是比较高的,比如在美国,每雇用一个员工的招聘成本通常等于这名员工年薪的1/3。因此,招聘活动的有效进行能够大大降低它的成本,从而降低人力资源管理的成本。

第二节　员工招聘的程序

一、确定招聘需求

确定招聘需求是整个招聘活动的起点，招聘需求包括招聘的数量和招聘的质量，招聘的数量是指空缺的岗位人数，招聘的质量是岗位需要具备的任职资格。招聘需求一般由用工部门提出并向人力资源部提交人员需求表，人力资源部门再根据组织的人力资源规划，与用人部门共同讨论并确定哪些职位确实需要补充人员，哪些职位能通过内部调剂或加班的方式解决。只有明确招聘需求，才能开始进行招聘工作。

二、组建招聘团队

人力资源的有关工作不是全部由人力资源部门负责，需要其他部门分工协作共同完成，招聘工作也是如此。一般来说，招聘团队应由人力资源部门和具体的用人部门挑选出来的成员组成，由具体的用人部门共同参与招聘工作，这是因为用人部门从专业的角度出发，能多方面、多角度、深层次地测试出应聘者的真实水平，减少招聘失误，以免耽误时机和浪费人力资源成本。

三、选择招聘渠道

招聘渠道可分为内部招聘渠道和外部招聘渠道，内部招聘是从组织内部发掘人才以填补职位空缺的方法，外部招聘是指从组织外部获取人才以填补组织内部职位空缺的方法。内部招聘渠道和外部招聘渠道各有利弊，企业应根据空缺的职位特点权衡利弊，选择恰当的招聘渠道，保证招聘的有效性。

四、制订招聘计划

在正式开展招聘工作以前，需制订详细的招聘计划，以确保招聘工作有条不紊地进行。一般来说，招聘计划包括招聘的规模、招聘的范围、招聘的时间和招聘的预算。

（一）招聘的规模

招聘的规模是指企业准备通过招聘活动吸引应聘者的数量，招聘规模不能太大也不能太小，招聘规模太大会增加企业招聘的工作量和招聘成本；招聘规模太小，又不利于企业获取所需的人才，所以企业的招聘规模应适中。一般来说，企业是通过招聘录用的金字塔模型来确定招聘规模的，也就是说将整个招聘录用过程分为若干个阶段，以每个阶段参加的人数和通过的人数的比例来确定招聘规模。

（二）招聘的范围

一般来说，招聘活动的地域范围越大，越有可能招聘到合适的人才，但相应的成本也会越高，因此，招聘须在适当的范围内进行。首先，要视空缺职位的类型而定。对于技能要求较低或比较普通的职位来说，企业从当地的劳动力市场上就可获得所需人员；随着职位层次的提高，由于符合要求的人员比例降低，招聘范围也应随之扩大，有时需要超出本地劳动力市场范围才能找到合适的人选。其次，还要考虑当地的劳动力市场状况，如果当地劳动力较为富余，则依靠本地劳动力市场即可解决问题；相反，如果当地劳动力市场比较紧张，则须将招聘范围扩大至本地区以外的劳动力市场以弥补空缺。所以，企业必须权衡招聘成本与招聘效果，视自身情况控制招聘范围。

（三）招聘的时间

招聘工作需要花费一定的时间，而且时间越宽裕，招聘效果通常会越好。但企业是因为有人员需求才进行招聘，如果不能及时填补职位空缺，则会影响到企业的正常运转。所以，企业应合理确定招聘时间。在确定招聘时间时，企业应全面考虑可能发生的情况，如通知的邮寄时间、应聘者的行程时间等，以使规定的期限符合实际。

（四）招聘的预算

招聘需要一定的成本，因此在招聘工作开始前，要对招聘的预算进行估计，以保证招聘工作的顺利进行，以及日后对招聘效果进行评估。招聘过程中发生的费用通常包括人工费用、广告费用、业务费用等，有的企业还为应聘者报销食宿及往返路费，这些都要包含在招聘预算中。在计算招聘费用时，应当仔细分析各种费用的来源，并归入相应的类别中，以免出现遗漏或重复计算。

在这一阶段，企业要将招聘信息通过多种渠道向社会发布，向社会公众告知用人计划和要求，确保有更多符合要求的人员前来应聘以供筛选。一般来说，信息发布面越广、越及时，接收到信息的人越多，应聘者就越多，组织选择范围也越大，但相应的信息发布的费用就越高。发布招聘信息要注意两个方面的问题，一是招聘信息包含的内容，二是发布招聘信息应遵循的原则。

1. 招聘信息应包含的内容

为了使应聘者能客观地了解企业和所需应聘的岗位，做出正确的选择，发布的招聘信息至少应包含以下内容：①该工作岗位的名称及工作内容；②必备的任职资格；③应聘的程序；④招聘的截止日期；⑤有关招聘组织的描述性信息；⑥薪金和福利的相关信息；⑦工作条件、工作时间、工作地点等信息；⑧对求职信或个人简历的要求。

2. 发布招聘信息应遵循的原则

第一，广泛原则。发布招聘信息的面越广，接收到该信息的人就会越多，则应聘人员中符合职位要求的人比例就会越大。

第二，及时原则。在条件允许的情况下，招聘信息应该尽早地向社会公众发布，这样有利于缩短招聘进程，而且有利于使更多的人获知信息。

第三，层次原则。由于潜在的应聘人员都处在社会的某一层次，应根据空缺职位的特点，通过特定渠道向特定的人员发布招聘信息，以提高招聘的有效性。

第四，真实原则。在向外界发布招聘信息时，一定要客观真实。在招聘过程中，企业和员工是双向选择，员工只有通过招聘信息真实地了解企业，才能正确地选择，避免因企业发布虚假信息而误导求职者，导致其成功应聘进入企业后不久便离职的现象。

第三节　招聘的渠道与方法

一、员工招聘的渠道

如果组织出现空缺职位，如何招聘到合适人员对于组织来说非常重要，人员招聘渠道分为两种：内部招聘和外部招聘。内部招聘是指当企业出现了职位空缺的时候，优先考虑企业内部员工并将其调整到该岗位的方法。外部招聘是根据一定的标准和程序，从企业外部的众多候选人中选拔符合空缺职位工作要求的人员。无论是外部招聘还是内部招聘都取决于组织的内部晋升和内部调动战略。内部招聘和外部招聘对组织来说各有利弊，每一种招聘方法并非完美，要求组织权衡利弊进行选择。

（一）内部招聘

内部招聘就是从组织内部选拔合适的人才来补充空缺或新增的职位。内部招聘具有很明显的优点：

第一，从选拔的有效性和可信度来看，管理者和员工之间的信息是对称的，不存在"逆向选择"（员工为了入选而夸大长处，弱化缺点）问题，也不存在道德风险的问题。因为内部员工的历史资料有案可查，管理者对其工作态度、素质能力以及发展潜能等方面有比较准确的认识和把握。

第二，从企业文化角度来分析，员工与企业在同一个目标基础上形成的共有价值观、信任感和创造力，体现了企业员工和企业的集体责任及整体关系。员工在组织中工作过较长一段时间，已融入企业文化中，视企业为他们的事业和命运的共同体，认同组织的价值观念和行为规范，因而对组织的忠诚度较高。

第三，从组织的运行效率来看，现有的员工更容易接受指挥和领导，易于沟通和协调，易于消除边际摩擦，易于贯彻执行方针决策，易于发挥组织效能。

第四，从激励方面来分析，内部选拔能够给员工提供一系列晋升机会，使员工的成长与组织的成长同步，容易鼓舞员工士气，形成积极进取、追求成功的气氛，达成美好的愿景。

（二）外部招聘

外部招聘则是从组织外部招聘德才兼备的人加盟进来。外部招聘具有如下优点：第一，外部招聘是一种有效的与外部信息交流的方式，企业同时可借机树立良好的外部形象。新员工能够带给企业不同的经验、理念、方法以及新的资源，使得企业在管理和技术方面能够得到完善和改进，避免了"近亲繁殖"带来的弊端。第二，外聘人才可以在无形当中给组织原有员工施加压力，使其形成危机意识，激发斗志和潜能。第三，外部挑选的余地很大，能招聘到许多优秀人才，尤其是一些稀缺的复合型人才，这样还可以节省大量内部培养和培训的费用，并促进社会化的合理人才流动，加速全国性的人才市场和职业经理人市场的形成。第四，外部招聘也是一种很有效的信息交流方式，企业可以借此树立良好形象。

外部招聘也不可避免地存在着不足。比如，信息不对称，往往造成筛选难度大，成本高，甚至出现"逆向选择"；外部招聘的员工需要花费较长时间来进行培训和磨合，学习成本较高；可能挫伤有上进心、有事业心的内部员工的积极性和自信心，或者引发内外部人才之间的冲突；"外部人员"有可能出现"水土不服"的现象，无法融入企业文化氛围中；可能使企业沦为外聘员工的"中转站"等等。

二、员工招聘的方法

内部招聘主要通过企业内部人力资源信息系统搜寻、主管或员工推荐、职位公告等方法来进行；外部招聘主要通过广告招聘、推荐或自我推荐、人才介绍机构、人才交流会、校园招聘、网络招聘等方法来进行。

（一）内部招聘的方法

1. 企业内部人力资源管理信息系统

一个完整的企业内部人力资源管理信息系统必须对企业内部员工的三类信息进行完整的收集与整理：个人基本资料，包括年龄、性别、学历、专业、主要经历等；个人特征资料，包括特长、性格、兴趣爱好、职业期望等；个人绩效资料，包括从事的IT。作与担任的职务、工作业绩、工作态度、绩效评价等。当企业出现职位空缺时，可根据职位对人员任职资格的要求，在企业内部的人力资源信息系统进行搜寻。根据搜寻所获得的信息，找出若干个职位候选人，再通过人力资源部与这个应聘者进行面谈，结合应聘者本人的意愿和期望选择上岗的人选。

2. 主管或员工推荐

是由本组织主管或员工根据组织的需要推荐其熟悉的合适人员，供人力资源部门进行选择和考核。推荐人对组织和被推荐者都比较了解，所以成功的概率较大，是企业经常采用的一种方法。一般来说，组织内部最常见的是主管推荐，因为主管一般比较了解潜在的候选人的能力，由主管提名的人选具有一定的可靠性，而且主管也会因此感到自己有一定的决策权，满意度比较高。但主管推荐可能会因为个人因素的影响，出现任人唯亲而不是任人唯贤的局面。

3. 职位公告

职位公告是指在组织内将职位空缺公之于众，通常要列出有关空缺职位的工作性质、人员要求、上下级监督方式，以及工作时间、薪资等级等。同时应附以公告日期和申请截止的日期、申请的程序、联系电话、联系地点和时间等。

（二）外部招聘的方法

1. 广告招聘

广告招聘一般是由人力资源部门按照组织的员工招聘规划，选择合适的广告媒体或宣传媒介，通过发布由自己或专业部门制作的招聘广告吸引外部人才前来应聘的方法。企业通过媒体广告发布招聘信息时，应注意两个问题，一是广告媒体的选择；二是广告的设计。

2. 推荐或自我推荐

通过企业的员工、客户以及合伙人等推荐人选，这种招聘方式最大的优点是企业和应聘者双方掌握的信息较为对称。介绍人会将应聘者真实的情况向企业介绍，免去了企业对应聘者进行真实性的考察，同时应聘者也可以通过介绍人了解企业各方面的内部情况，从而做出理性选择。

3. 人才介绍机构

这种机构一方面为企业寻找人才，另一方面也帮助人才找到合适的雇主。一般包括针对中低端人才的职业介绍机构以及针对高端人才的猎头公司。企业通过这种方式招聘是最为便捷的，因为企业只需把招聘需求提交给人才介绍机构，人才介绍机构就会根据自身掌握的资源和信息寻找和考核人才，并将合适的人员推荐给企业。但是这种方式所需的费用也相对较高，猎头公司一般会收取人才年薪的 30% 左右作为猎头费用。

4. 人才交流会

相对职业中介机构来说，人才交流会可以为企业与求职者提供相互交流的平台，使企业能够获取大量应聘者的相关信息。在条件允许的情况下，甚至可以对其进行现场面试，极大提高招聘的成功率。而且这种招聘是在信息公开、竞争公平的条件下进行，便于树立企业的良好形象。

5. 校园招聘

校园招聘是许多企业采用的一种招聘渠道，企业到学校张贴海报，进行宣讲会，吸引即将毕业的学生前来应聘。对于部分优秀的学生，可以由学校推荐，对于一些较为特殊的职位也可通过学校委托培养后，企业直接录用。通过校园招聘的学生可塑性较强，充满活力，素质较高。但是这些学生没有实际工作经验，需要进行一定的培训才能真正开始工作，且不少学生由于刚步入社会对自己定位还不清楚，工作的流动性也可能较大。

6. 网络招聘

网络招聘一般包括企业在网上发布招聘信息甚至进行简历筛选、笔试、面试。企业通常可以通过两种方式进行网络招聘，一是在企业自身网站上发布招聘信息，搭建招聘系统，二是与专业招聘网站合作，通过这些网站发布招聘信息，利用专业网站已有的系统进行招聘活动。网络招聘没有地域限制，受众人数大，覆盖面广，而且时效较长，可以在较短时间内获取大量应聘者信息，但是随之而来的是其中充斥着许多虚假信息和无用信息，因此网络招聘对简历筛选的要求比较高。以上讲述的几种外部招聘的方法各有优缺点，企业可以根据实际情况选择运用。

第四节　员工甄选

甄选即为甄别和选择之意，也称为筛选和选拔。在现代人力资源管理中，它是指通过运用一定的工具和手段对已经招募到的求职者进行鉴别和考察，区分他们的人格特点与知识技能水平，预测他们未来的工作绩效，从而最终挑选出最符合组织需要的、最为恰当的职位填补者的过程，甄选过程的复杂性在于，组织需要在较短的时间内，在信息不对称的情况下，正确地判断出求职者能否胜任所应聘的岗位，以及求职者能否认同本组织的企业文化与价值观，从而在未来的岗位上达成优良的绩效。在甄选的过程中，组织需要解决如何挑选合适的人，然后将他们正确地配置在合适的岗位上，总的来说，所有的甄选方案都是要努力找出那些最有可能达到组织绩效的人，但不是说一定要挑选出那些非常优秀的人才是最合适的，相反，甄选的目的在于谋求职位与求职者最优匹配。

员工甄选工作对一个组织来说是非常重要的。首先，组织的总体绩效在很大程度上是以员工个人的绩效为基础的，能否找到合适的员工是确保组织战略目标实现的最大保障；其次，如果甄选工作失误，组织将付出较高的直接成本和机会成本，直接成本包括招募成本、甄选成本、录用成本、安置成本、离职成本，机会成本是指因为用人不当，可能会使组织错失良好时机而给组织带来损害甚至是毁灭性的打击；最后，甄选失误可能会对员工本人造成伤害，错误甄选代价不只由组织来承担，同样会给员工造成损失和伤害。

一、审查求职简历和求职申请表

（一）求职简历

求职简历又称为履历表，是求职者向组织提供背景资料和进行自我陈述的一种文件。简历的内容一般包含个人基础信息、教育背景、工作经历、个人技能、求职意向、自我评价等。简历是求职者一种自我宣传的手段，通常没有严格统一的规格，形式灵活，随意性大，便于求职者充分进行自我表达。在筛选简历时应该注意简历信息的真实性问题，比如，一份简历在描述求职者的工作经历时，列举了一些知名企业和高级职位，而他所应聘的却是一个普通职位，这就要引起注意，这份简历可能存在工作经历造假。简历中造假的现象有很多，比如学历造假、工作经历造假、荣誉造假等。对于有疑惑的简历要避免个人主观臆断，要将这些存在疑惑的地方标出，面试时可询问应聘者或在录用前进行背景调查。

（二）求职申请表

求职申请表主要用于收集应聘者背景和现状的基本信息，以评价应聘者是否能满足最基本的职位要求。有些需要经常性、大量招聘的企业往往会要求求职者填写本企业编制的电子求职申请表，以此来收集企业感兴趣的信息，并运用电子化申请表筛选系统，将不符合条件的电子申请表直接淘汰出局，这些都为初步的筛选工作提供了很大的便利。

求职简历和求职申请表的筛选主要是对求职者进行初步过滤，把明显不合格的求职者剔除出去，以免让这部分求职者进行后续的甄选程序，给组织带来不必要的成本负担。

二、笔试

笔试是一种最古老而又最基本的选择方法，它是让应聘者在试卷上答事先拟好的试题，然后根据应聘者解答的正确程度评定成绩的一种选择方法。笔试可以有效地测试应聘者的基础知识、专业知识、管理知识、综合分析能力、文字表达能力等。

三、面试

面试具有简便快捷、容易操作、不需要复杂的专用测试工具和方法等优点，能对应聘者的表达能力、分析能力、判断能力、应变能力进行全面的考察，另外，也可以直观地了解应聘者的气质，修养，风度，仪表仪态等，所以面试这种甄选方法很自然地受到各种组织的普遍欢迎。但是，面试也有局限性，一方面，面试的结果是由面试小组或面试官个人通过主观判断得出的，因此判断的结果可能存在偏差；另一方面，面试的成本较高，包括时间成本和人工成本等。因此，任何组织都要重视采取相关措施来提高面试的有效性，同时也要将面试和其他甄选方法结合使用，将各种甄选方法的缺陷降至最低。

第四章 绩效管理

第一节 绩效管理概述

绩效管理是人力资源管理过程中最重要的环节之一，也是组织强有力的管理手段之一。员工工作的好坏、绩效的高低直接影响企业的整体绩效。因此，只有通过绩效管理，确认员工的工作成就，才能整体提高工作的效率和效益，进而实现组织目标。组织建立员工绩效管理制度，设计出行之有效的绩效管理体系，是合理利用和开发人力资源的重要措施。现代绩效管理指标体系的设置和管理方法多种多样，组织只有根据自身的实际情况采用最合适的指标和方法才能实现最有效的绩效管理。

一、绩效的含义和特点

（一）绩效的含义

绩效具有丰富的含义，一般来说，是指一个组织为了达到目标而采取的各种行为的结果，是客观存在，可以为人所辨别确认。绩效又分为组织绩效和员工绩效。组织绩效是组织为了实现一定的目标所完成的各种任务的数量、质量及效率。员工绩效就是员工的工作效果、业绩、贡献。其主要包括完成工作的数量、质量、成本费用，以及为改善组织形象所做出的其他贡献。绩效是员工知识、能力、态度等综合素质的反映，是组织对员工的最终期望。

绩效是对工作行为及工作结果的一种反映，也是员工内在素质和潜能的一种体现。它主要包括三个方面：

1. 工作效果

包括工作中取得的数量和质量，主要指工作活动所实现的预定目标的程度。工作效果涉及工作的结果。

2. 工作效率

包括组织效率、管理效率、作业效率等方面。主要指时间、财物、信息、人力及其相互利用的效率。工作效率涉及工作的行为方式，是投入大于产出，还是投入小于产出。

3. 工作效益

包括工作中所取得的经济效益、社会效益、时间效益等。工作效益主要涉及对组织的贡献。

（二）绩效的特点

人力资源管理中的绩效指的是员工或部门的绩效，我们主要分析员工绩效。绩效具有多因性、多维性和动态性三大特点。

1. 多因性

绩效的多因性是指绩效的优劣不仅仅受某一个因素的作用，而是受到多种因素的共同影响，是员工个人因素和工作环境共同作用的结果。为了绩效的相关因素，对正确设计和实施绩效管理有着重要的作用，这些因素主要包括：工作技能、员工的知识水平、工作态度和工作环境等。

2. 多维性

员工的工作绩效可以从多方面或多角度表现出来，工作绩效是工作态度、工作能力和工作结果的综合反映。员工的工作态度取决于对工作的认知态度及为此付出的努力程度，表现为工作干劲、工作热情和忠于职守等，是工作能力转换为工作结果的媒介，直接影响着工作结果的形成。员工的工作能力是绩效的本质来源，没有工作能力就无所谓工作绩效。工作能力主要体现在常识、知识、技能、技术和工作经验等几个方面。工作结果以工作数量、质量、消耗的原材料、能源的多少等形式表现出来。绩效的多维性决定了考评员工时必须从多个侧面进行考评才能对绩效做出合理的评价。

3. 动态性

绩效的动态性是指绩效处于动态的变化过程中，不同时期员工的绩效有可能截然不同。我们经常遇到这样的情况，绩效差的员工经过积极的教育、引导和适当的激励后，会努力工作取得较好的工作绩效；而工作绩效较好的员工由于未受到适当的激励等原因，会出现不再努力工作，使工作绩效变得较差等现象。绩效的动态性特点要求我们运用发展和一分为二的观点为员工进行绩效考评。

二、绩效管理的含义及目的

（一）绩效管理的含义

绩效管理是根据管理者与员工之间达成的一致协议来实施管理的一个动态的沟通过程，以激励员工业绩持续改进并最终实现组织战略及个人目标，是为了实现一系列中长期的组织目标而对员工绩效进行的管理。随着人们对人力资源管理理论和实践研究的逐步重视，绩效管理在组织中达到了前所未有的高度。对大多数组织而言，绩效管理的首要目标是绩效考评。但是，在这些组织中，实施绩效考评的效果却并不理想，员工的工作积极性并未被充分激发，企业的绩效也没有得到明显的改善等这些问题仍然存在。其原因在于，人们往往知道绩效考评而并不知道绩效管理，但两者并不相等，人们在强调绩效考评的同时，往往会忽视绩效管理的全过程。

所谓绩效管理，就是为了更有效地实现组织目标，由专门的绩效管理人员运用人力资源管理的知识、技术和方法与员工一起进行绩效计划、绩效沟通、绩效考评、绩效反馈与改进、绩效结果应用等五个基本过程。绩效管理的基本特征有：

1. 绩效管理的目的是为了更有效地实现组织预定的目标

绩效管理本身并不是目的，之所以要开展绩效管理是要更大限度地提高组织的管理效率及组织资源的利用效率，进而不断提高组织绩效，最终更有效地达到组织预定的目标。更有效地实现组织的预定目标是绩效管理的终极目的。

2. 绩效管理的主体是掌握人力资源知识、专门技术和手段的绩效管理人员和员工

绩效管理由掌握专门知识技能的绩效管理者推动，然后落实到员工身上，最终由每一位员工的具体实践操作实现。可以看出，绩效管理的主体不仅是绩效管理人员，还要包括每一位参与绩效管理的员工。

3. 管理的核心是提高组织绩效

绩效管理围绕如何提高组织绩效这个核心展开，其中所涉及的任何具体措施都是为了持续改进组织绩效服务的。绩效管理"对事不对人"，以工作表现为中心，考察个人与组织目标达成相关的部分。

4. 一个包括多阶段、多项目标的综合过程

绩效管理是一套完整的"PDCA"循环体系，所谓"PDCA"循环即是计划（Plan）、实施（Do）、检查（Check）、调整（Adjust）的循环。落实到绩效管理上就是绩效计划制是由绩效计划制定、动态持续的绩效沟通、绩效实施、绩效评估、绩效结果运用等环节构成的循环。

绩效管理是以目标为导向，将企业要达到的战略目标层次分解，通过对员工的工作表现和业绩进行诊断分析，改善员工在组织中的行为，通过充分发挥员工的潜能和积极性，提高工作绩效，更好地实现企业各项目标。绩效管理更突出的是过程管理，它以改善行为为基础，通过有计划的双向沟通的培训辅导，提高员工绩效，最终实现提高部门绩效和企业整体绩效的目的。绩效管理对企业来说，是一项管理制度；对管理者个人来说，则是管理技能和管理理念。在进行绩效管理的企业中，绩效管理是贯穿各级管理者管理工作始终

的一项基本活动。

三、绩效管理的目的

各个组织根据自身的不同情况运用绩效管理系统会侧重于不同的目的:

(一)了解员工的工作绩效

员工希望了解自己的工作成绩,希望知道如何提高自己的工作绩效,并以此来提高自己的薪酬水平和获得晋升的机会。因此,绩效管理的结果可以向员工反馈其工作绩效水平高低,使员工了解自己工作中的不足之处,帮助员工改进,从而提高整个组织的绩效。通过绩效管理指出员工存在问题的同时,能够发现培训需求。有针对性地对员工进行培训,可以帮助员工提高工作知识、技能及在人际关系、计划、监督等方面的能力(针对管理人员),促进员工的发展。因此,绩效管理是培训方案设计和实施的基础。

(二)绩效管理的信息可以为组织的奖惩系统提供标准

在组织的多项管理决策中都要使用管理信息(特别是绩效考评信息)。绩效考评能够使不同岗位上员工的工作绩效得到合理的比较,从而使组织在进行薪酬决策、晋升决策、奖惩决策、保留/解聘等决策时做到公平合理,使整个激励体系真正起到应有的作用。

(三)使员工的工作和组织的目标结合起来

工作绩效管理有利于发现组织中存在的问题,绩效考评的信息可以被用来确定员工和团队的工作与组织目标之间的关系,当各种工作行为与组织目标发生偏离时,要及时进行调整,确保组织目标的实现。

(四)促进组织内部信息沟通和企业文化建设

绩效管理非常注重员工的参与性。从绩效目标的制定、绩效计划的形成、实行计划中的信息反馈和指导到绩效考评、对考评结果的应用,以及提出新的绩效目标等都需要员工的参与,满足员工的尊重需要和自我实现的需要,为组织创造一个良好的氛围。因此,绩效管理对于创建民主的、参与性的企业文化是非常重要的。

需要指出的是,无论绩效管理系统有多完美,也只有最终被它所影响的人接受才能够发挥作用。

四、绩效考评与绩效管理的区别与联系

绩效考评又称绩效评估。就是组织的各级管理者通过某种方法对其下属的工作完成情况进行定量与定性评价,通常被看作管理人员一年一度的短期阶段性事务工作。在单纯的绩效考评中,管理者和下属关注的焦点主要集中在考评的指标和考评的结果上。这种关注的角度往往导致企业将现有绩效考评系统的失败归咎于考评指标的不完美、不够量化等因

素，进而不断花费成本寻求更完美的考评指标。管理者和下属对考评结果的关注，则容易产生对立情绪。管理者面对打分的压力，下属则普遍抱有抵触情绪，双方处于矛盾和对立之中。

（一）绩效管理与绩效考评的联系

绩效考评是绩效管理一个不可或缺的组成部分，通过绩效考评可以为组织绩效管理的改善提供资料，帮助组织不断提高绩效管理水平和有效性，使绩效管理真正帮助管理者改善管理水平，帮助员工提高绩效能力，帮助组织获得理想的绩效水平。

（二）绩效管理与绩效考评的区别

1. 绩效管理包括制定绩效计划、动态持续的绩效沟通、绩效考评、绩效反馈与改进、绩效考评结果的应用，是一个完整的绩效管理过程；而绩效考评只是这个管理过程中的局部环节和手段。

2. 绩效管理是一个过程，贯穿于日常工作，循环往复进行；而绩效考评是一个阶段性的总结，只出现在特定时期。

3. 绩效管理具有前瞻性，能帮助组织和管理者前瞻性地看待问题，有效规划组织和员工的未来发展；而绩效考评则是回顾过去的一个阶段的成果，不具备前瞻性。

4. 绩效管理以动态持续的绩效沟通为核心，注重双向的交流、沟通、监督、评价；而绩效考评只注重事后的评价。

5. 绩效管理根据预期目标，评价绩效结果，提出改善方案，侧重日常绩效的提高；而绩效考评则只比较预期的目标，注重进行绩效结果的评价。

6. 绩效管理充分考虑员工的个人发展需要，为员工能力开发及教育培训提供各种指导，注重个人素质能力的全面提升；而绩效考评只注重员工的考评成绩。

7. 绩效管理能建立绩效管理人员与员工之间的绩效合作伙伴关系；而绩效考评则使绩效管理人员与员工站到了对立的两面，距离越来越远，制造紧张的气氛和关系。

五、绩效管理的作用

绩效管理是组织实现其战略目标的有效工具之一，也是人力资源管理其他职能的基本依据和基础。有效的绩效管理可以给我们的日常管理工作带来巨大的好处。绩效管理的作用主要表现在以下几个方面：

（一）绩效管理对管理人员的作用

就各级管理人员而言，他们面临许多管理问题。例如，常常因为事物的冗繁和时间管理的不善而烦恼；员工对自己的工作缺乏了解，工作缺乏主动性；员工对应该做什么和应该对什么负责有异议；员工给主管提供的重要信息太少；发现问题太晚以致无法阻止其扩大；员工犯相同的错误；等等。尽管绩效管理不能直接解决所有的问题，但它为处理好其中大部分管理问题提供了一个工具。只有管理者投入一定的时间并和员工形成良好的合作关系，绩效管理才可以为管理者的工作带来极大的便利：

1. 上级主管不必介入所有的具体事务。

2. 通过赋予员工必要的知识来帮助他们合理进行自我决策。员工可以知道上级希望他们做什么，自己可以做什么，必须把工作做到什么程度，何时向何人寻求帮助等，从而为管理者节省时间。

3. 减少员工之间因职责不明而产生的误解。

4. 减少持续出现上级主管需要信息时没有信息的局面。

5. 通过帮助员工找到错误和低效率的原因来减少错误和偏差。

（二）绩效管理对员工的作用

员工在工作中会产生诸多烦恼：不了解自己的工作做得好还是不好，不知道自己有什么权力，工作完成很好时没有得到认可，没有机会学习新技能，自己不能做决策，缺乏完成工作所需要的资源等。

绩效管理要求有效开展绩效沟通和指导，能使员工得到有关他们工作业绩和工作现状的反馈。而且由于绩效管理能帮助员工了解自己的权力大小，即进行日常决策的能力，大大提高了工作效率。

（三）绩效管理对企业的作用

一项调查显示，员工感觉企业需要改进的方面主要集中在：奖惩没有客观依据，失公平；缺乏足够有效的专业培训和指导；重负面批评和惩罚，轻正面鼓励和奖励；日常工作中缺乏上下级之间的有效授权等。

绩效管理提出员工参与制定绩效计划，强化了员工对绩效目标的认同度，在日常工作中通过绩效实施提供有效的工作指导，找出工作的优点和差距，有效制定绩效改进计划和措施，有利于企业业绩的改善和企业目标的实现。同时，绩效管理流程中基于企业战略目标的绩效计划制定、围绕核心能力的员工能力发现和评价等措施有助于企业核心竞争力的构建，有利于企业的持续发展。

六、影响绩效管理的因素

一个组织在整个绩效管理的过程中，要达到组织的预期目的，实现组织的最终目标，往往受到多种因素的影响，作为一个管理者只有充分认识到各种影响因素给组织绩效所带来的影响及程度，才能够做好绩效管理工作。一般来讲，影响组织绩效管理有效性的因素有：

（一）观念

管理者对绩效管理的认识是影响绩效管理效果的重要因素。如果管理者能够深刻理解绩效管理的最终目的，更具前瞻性地看待问题，并在绩效管理的过程中有效地运用最新的绩效管理理念，便可以很好地推动绩效管理的有效实施。

（二）高层领导支持的程度

绩效管理作为人力资源管理的重要组成部分，是实现组织整体战略管理的一个重要手段。要想有效地进行绩效管理，必须得到高层领导的支持。高层领导对待绩效管理的态度决定了绩效管理的效果。如果一个组织的领导能大力支持绩效管理工作，并给予绩效管理工作人员必要的物质和精神支持，就会使绩效管理水平得到有效的提升；反之，一个组织的绩效管理水平和效果将是十分低下的。

（三）人力资源管理部门的尽职程度

人力资源部门在绩效管理的过程中扮演着组织协调者和推动者的角色。绩效管理是人力资源管理工作中的重要组成部分，如果人力资源管理部门能够对绩效管理大力投入，加强对绩效管理的宣传，组织必要的绩效管理培训，完善绩效管理的流程，就可以为绩效管理的有效实施提供有力保证。

（四）各层员工对绩效管理的态度

员工对绩效管理的态度直接影响着绩效管理的实施效果。如果员工认识到绩效管理的最终目的能使他们改进绩效而不是单纯的奖罚，绩效管理就能很好地发挥功效。反之，如果员工认为绩效管理仅仅是填写各种表格应付上级或对绩效管理存在着严重的抵触情绪，那么绩效管理就很难落到实处。

（五）绩效管理与组织战略的相关性

个人绩效、部门绩效应当与组织的战略目标相一致。只有个人绩效和部门绩效都得到实现的同时，组织战略才能够得到有效的执行。这就要求组织管理者在制定各个部门的目标时，不仅考虑到部门的利益，也要考虑到组织的整体利益，只有做到个人、部门和组织整体的目标相一致，才能确保组织的绩效管理卓有成效。

（六）绩效目标的设定

一个好的绩效目标要满足具体、可衡量、可实现及与工作相关等要求。只有这样，组织目标和部门目标才能得到有效的执行，绩效考核的结果才能够公正、客观和具有说服力。

（七）绩效指标的设置

每个绩效指标对于组织和员工而言，都是战略和文化的引导，是工作的方向，因此清晰明确、重点突出的指标非常重要。好的绩效指标可以确保绩效考核重点突出，与组织战略目标精确匹配，便于绩效管理的实施。

（八）绩效管理系统的时效性

绩效管理系统不是一成不变的，它需要根据组织内部、外部的变化进行适当调整。当组织的战略目标、经营计划发生改变时，组织的绩效管理系统也要进行动态的变化，以保证其不会偏离组织战略发展的主航道，对员工造成错误的引导。

七、绩效管理与人力资源管理其他环节的关系

（一）绩效管理与工作分析

工作分析是绩效管理的重要基础。通过工作分析，确定了一个职位的工作职责及其他所提供的重要工作产出，据此制定对这个职位进行评估的关键绩效指标（KPI），按照这些关键绩效指标确定对该职位任职者进行评估的绩效标准。可以说，工作分析提供了绩效管理的一些基本依据。

1. 职位描述是最直接影响绩效的因素

员工的绩效是员工外显的行为表现，这种行为表现受很多因素影响。影响人的行为绩效的内在因素分成很多层次，处在最深层的是人的内在动力因素。处于最外层的职位描述是直接影响行为绩效的因素。因此，要想有效地进行绩效管理，必须首先有清晰的职位描述信息。职位特点决定了绩效评估所采用的方式。采用什么样的方式进行绩效评估是我们在进行绩效评估的准备工作时所需要解决的一个重要问题。绩效评估的方式主要包括由谁进行评估，多长时间评估一次，绩效评估的信息如何收集，采取什么样的方式进行评估等。对于不同类型的职位，采取的绩效评估方式也应该有所不同。

2. 职位描述是设定绩效指标的基础

对一个职位的任职者进行绩效管理应设定关键绩效指标，这往往是由他的关键职责决定的。虽然从目标管理的角度而言，一个被评估者的关键绩效指标是根据组织的战略目标逐渐分解而形成的，但个人的目标终究要依据职位的关键职责来确定，一定要与他的关键职责密切相关。

职责是一个职位比较稳定的核心，表现的是任职者所要从事的核心活动。目标经常随时间而变化，可能每年都不同，一个职位的工作职责则可能会几年稳定不变或变化很小。

对于那些较为稳定的基础性职位，如秘书、会计等，他们的工作可能并不由目标直接控制，而主要是依据工作职责来完成工作，对他们的绩效指标的设定就更需要依据工作的核心职责。

（二）绩效管理与薪酬体系

即以职位价值决定薪酬、以绩效决定薪酬和以任职者胜任力决定薪酬的有机结合。因此，绩效是决定薪酬的一个重要因素。

在不同的组织及不同的薪酬体系中，对不同性质的职位，绩效所决定的薪酬成分和比例有所区别。通常来说，职位价值决定了薪酬中比较稳定的部分，绩效则决定了薪酬中变化的部分，如绩效工资、奖金等。

（三）绩效管理与培训开发

由于绩效管理的主要目的是为了了解目前员工绩效状况中的优势与不足，进而改进和提高绩效，因此，培训开发是在绩效评估之后的重要工作。在绩效评估之后，主管人员往往需要根据被评估者的绩效现状，结合被评估者个人的发展愿望，与被评估者共同制定绩效改进计划和未来发展计划。人力资源部门则根据目前绩效中待改进的方面，设计整体的培训开发计划，并帮助主管和员工共同实施培训开发。

综合以上几点可以看出，员工绩效管理与人力资源管理的几大职能都有着密切的关系，通过发挥员工绩效管理的纽带作用，人力资源管理的各大职能就能有机地互相联系起来，形成一种互动的关系。所以说，员工绩效管理是人力资源管理的核心内容，在人力资源管理中占据了核心地位。

八、绩效管理的过程

绩效管理是一个包括多阶段、多项目标的综合过程，它通常被看作一个循环过程，管理的各个环节不仅密切联系，而且周而复始地不断循环，形成一个持续的过程。绩效管理的基本流程一般包括绩效计划、绩效辅导、绩效考评、绩效反馈、绩效改进及绩效结果的应用等六步。

（一）绩效计划

绩效计划是绩效管理的第一个环节，也是绩效管理的起点。作为一个组织，要想达到预期的战略目标，组织必须先将战略分解为具体的任务或目标，落实到各个岗位；然后再对各个岗位进行相应的职位分析、工作分析、人员任职资格分析。这些步骤完成后，各个部门的管理人员应当和员工一起，根据本岗位的工作目标和工作职责，讨论并确定绩效计划周期内员工应当完成什么工作、做到怎样的程度、为何要做这项工作、何时完成、资源如何进行分配等。这个阶段管理者和员工的共同参与是绩效计划制定的基础。

所谓绩效计划是指被评估者和评估者双方对员工应该实现的工作绩效进行沟通的过程，并将沟通的结果落实为订立正式书面协议即绩效计划和评估表，它是双方在明晰责、权、利的基础上签订的一个内部协议。绩效计划的设计从公司最高层开始，将绩效目标层层分解到各级子公司及部门，最终落实到个人。对于各子公司而言，这个步骤即为经营业绩计划过程，而对于员工而言，则为绩效计划过程。我们应从以下几方面理解绩效计划：

1.绩效计划与绩效指标是组织进行绩效管理的基础和依据。绩效计划是在绩效管理过程开始的时候由部门主管和员工共同制定的绩效契约，是对在本部门绩效管理过程结束时员工所要达到的期望结果的共识，这些期望的结果是用绩效指标的方式来体现的。

2. 绩效计划是一个组织根据自身实际情况，结合各个部门的具体工作，将年度重点工作计划层层分解，把总体目标分解到各个部门，确立各个部门的年度目标的过程。

3. 绩效计划通常是通过上下级相互沟通、交流而形成的，因此在沟通前，相关部门要事先向分管主任提供必要的信息和背景资料。在编制绩效计划时，每月要在固定的时间召开部门月度例会，在会议上各部门可以与本部门主管沟通，主管提出反馈意见，初步确定计划。沟通的方式原则上不做规定，由各部门自己确定。各类计划经分管主任审定和确认后，由综合科负责汇总下发月度工作计划，并上报办公室人事部月度重点工作。

4. 在确定工作目标、关键绩效指标和标准时应遵循 SMART 原则：

明确具体的原则（Specific）：目标必须是明确、具体的。所谓具体就是责任人的工作职责和部门的职能相对应的工作；所谓准确就是目标的工作量、达成日期、责任人等事先都是确定的，可以明确。

可衡量的原则（Measurable）：绩效目标应是数量化或行为化的，验证指标的数据或信息是可获得的。

可获得的原则（Allainable）：绩效指标在付出努力的情况下是可以实现的，避免设立过高或过低的目标。

现实可行的原则（Realistic）：在现实的物力、人力及个人学习和身体能力、资源的可利用条件下是可行的。

有时间限制的原则（Time.bound）：必须在计划中列入事先约定的时间限制，注重完成绩效指标的特定期限。

（二）绩效辅导

所谓绩效辅导是指管理人员对员工完成工作目标的过程进行辅导，帮助员工不断改进工作方法和技能，及时纠正员工行为与工作目标之间可能出现的偏离，激励员工的正面行为，并对目标和计划进行跟踪和修改的过程。

绩效辅导是连接绩效目标和绩效评估的中间环节，也是绩效管理循环中耗时最长、最关键的一个环节，是体现管理者管理水平和领导艺术的主要环节。通过绩效辅导这个环节可以实现强调员工与主管人员的共同参与、强调员工与主管之间形成绩效伙伴关系、共同完成绩效目标的过程。总而言之，绩效辅导工作的好坏直接决定着绩效管理工作的成败。要想有效地完成绩效辅导，主要包括两方面的工作：一是持续不断的绩效沟通，二是数据的收集和记录。其具体步骤包括以下几步：

1. 观察和了解员工的绩效和行为，让员工知道自己的绩效好坏，并给予一定的反馈；或是要求员工改进，或是给予激励，希望保持高绩效。

2. 寻找问题与原因。如果员工绩效没有改进，就要探究其中的原因，同时要求改变具体的行为，并视需要给予帮助。

3. 教导分析。如果绩效仍然没有得到改进，那么管理者就必须运用教导分析的方法找出其中的原因，并和员工一起克服影响绩效的障碍。

4.改善计划。和员工一起找出改善业绩的方法，并帮助员工找到问题，改进绩效流程，然后确认这些流程和方法，并固定下来，着眼于更长远的未来员工绩效。

（三）绩效考评

绩效考评是按事先确定的工作目标及其衡量标准，考察员工实际的绩效情况的过程。绩效考评是一项技术性很强的工作，包括拟订、审核考评指标、选择和设计考评方法、培训考评人员等内容。

（四）绩效反馈

绩效管理的核心目的是为了不断提升员工和组织的绩效水平。因此，绩效管理的过程并不是为绩效考评打出一个分数或得到一个等级就结束了，主管人员对员工的绩效情况进行评估后，必须与员工进行面谈沟通，即进行绩效反馈。所谓绩效反馈是指主管人员在绩效评估之后使员工了解自身绩效水平的各种绩效管理手段和过程。

（五）绩效改进

绩效改进是绩效管理过程中的一个重要环节。传统的绩效考评目的是通过对员工的业绩进行考评，将考评结果作为确定员工薪酬、奖惩、晋升或降级的标准。而绩效管理的目标不限于此，员工能力的不断提升及绩效的持续改进和发展才是其根本目的。所以，绩效改进工作的成功与否，是绩效管理过程是否发挥作用的关键。

（六）绩效结果的应用

绩效考评完成后，形成的考评结果要与相应的管理环节相互衔接，主要体现在以下几个方面：

1.人力资源规划

为组织提供总体人力资源质量优劣程度的确切情况，获得所有人员晋升和发展潜力的数据，便于组织制定人力资源规划。

2.招聘与录用

根据绩效考评的结果，可以确定采用何种评价指标和标准招聘和选择员工，可提高招聘的质量并降低招聘成本。

3.薪酬管理

绩效管理的结果可以作为业绩工资发放的依据。绩效评价越高，业绩工资越高，这是对员工追求高绩效的一种鼓励和肯定。

4. 职务调整

多次绩效考评的结果可以作为员工晋升和降级的依据之一。例如，经过多次绩效考评，对于业绩始终没有改善的，如果确实是能力不足，不能胜任工作，则应当考虑为其调整工作岗位；如果是员工本身的态度问题，经过多次提醒和警告都无济于事，则管理者应当考虑将其解雇。

5. 员工培训与开发

通过绩效考评可以了解员工低绩效的原因，对那些由于知识和技能方面不足未能达成绩效计划的员工，企业可以组织员工参加培训或接受再教育。这样能够增强培训效果，降低培训成本。同时，可以根据绩效考评的结果，制定员工在培养和发展方面的特定需求，帮助员工发展和执行他们的职业生涯规划。

6. 员工关系管理

公平的绩效考评，为员工在奖惩、晋升、调整等重大人力资源管理环节提供公平客观的数据，减少主观不确定因素对管理的影响，能够保持组织内部员工的相互关系建立在可靠的基础之上。

第二节　绩效考评

一、绩效考评概述

（一）绩效考评的含义及内容

绩效考评是绩效管理的最主要内容，绩效考评是指按照确定的标准来衡量工作业绩、工作成果、工作效率和工作效益的达成程度。考评内容的科学性和合理性，直接影响到绩效考评的质量。因此，绩效考评的内容应该符合企业自身的实际情况需要，能够准确地对员工的绩效进行考评。由于绩效的多因性，绩效考评的内容也颇为复杂。我国很多企业按照以下四点作为绩效考评的内容：

1. 工作绩效考评

工作业绩考评是指对员工工作效率和工作结果进行考核和评价，它是对员工贡献程度的衡量，是所有工作绩效考评中最基本的内容，直接体现出员工在企业中的价值大小。业绩的考评包括员工完成工作的数量、质量、成本费用、利润等，以及为企业做出的其他贡献，如为企业赢得荣誉等。

2. 工作能力考评

工作能力的考评是指员工在工作中体现出来的能力进行考评，主要体现在四个方面：专业知识和相关知识；相关技能、技术和技巧（包括操作、表达、组织、协调、指挥、控制等）；相关工作经验；所需的体能和体力（取决于年龄、性别和健康状况等因素）。这四个方面是相互联系而又有区别的，技能和知识是基础；体能和体力是必要条件，一个人若没有足够的精力和体力，就难以承担重任；技能和工作经验把知识转化为现实生产力。需要指出的是，绩效考评中的能力考评和一般性能力测试不同，前者与被考核者所从事的工作相关，主要考评其能力是否符合所担任的工作和职务，而后者是从人的本身属性对员工的能力进行评价，不一定要和员工的现任工作相联系。

3. 工作行为的考评

工作行为考评是指对员工在工作中表现出来的相关行为进行考核和评价，衡量其行为是否符合企业的规范和要求。由于对行为进行考评很难有具体的数字或金额来表达，因此，在实际工作中，对员工的行为进行考评主要包括出勤、纪律性、事故率、主动性、客户满意度、投诉率等方面。

4. 工作态度的考评

工作态度考评数值是对员工在工作中的努力程度进行考评，即对工作积极性的衡量。积极性决定着人的能力发挥程度，只有将积极性和能力的考评结合起来，才能发挥员工的潜力。常用的考评指标包括：团队精神、忠诚度、责任感、创新精神、敬业精神、进取精神、事业心和自信心等。工作态度很大程度上决定了工作能力向工作业绩转化的效果。因此，对员工工作态度的考评是非常重要的。

以上四方面中，工作业绩和工作能力的考评结果是可以量化的，是客观的，被称为考评的"硬指标"；工作行为和工作态度的考评结果是主观的，很难量化，称为考评的"软指标"。在进行工作绩效考评时，应注意客观性评价和主观性评价的结合，软指标和硬指标结合，这样才能全面地评价员工的工作绩效。

（二）绩效考评的目的

一是帮助员工认识自己的潜在能力并在工作实际中充分发挥这种能力，以达到改进员工工作的目的和促进员工的培训与发展。二是为人力资源管理等部门提供制定有关人力资源政策和决策的依据。三是有利于改进企业人力资源管理工作，企业从定期的工作绩效考评中检查诸如招聘、培训和激励等人力资源管理方面的问题，从中吸取经验教训，以便今后改进并对下一步行动做出正确的导向。因而，考评的过程既是企业人力资源发展的评估和发掘过程，也是了解个人发展意愿，制定企业培训计划和为人力资源开发做准备的过程。

（三）绩效考评者的组成

考评人的选择就是选择谁来进行考核，也就是解决考评关系中考评主体与考评客体如何划分的问题。一般而言，在企业实践中，通常是通过以下几种人员作为考评工作的主体来建立考评机制：

1. 直接主管

绩效考评大都是由直接主管进行或者参与进行的。企业通常在制度上规定直接主管对于下级拥有考评的责任和权力。直接主管对下属的工作最熟悉（有的主管甚至以前就从事下属目前的工作），可以准确把握考评的重点及关键。主管考评权与他们拥有的奖励和惩罚下属的权力是相应的。

2. 工作者自身

员工本人对自己进行评价具有重要意义。自我评价有利于员工对企业考评的认同，减少他们的逆反心理，增强员工参与意识；有利于员工明确自己的长处和短处，加强自我开发；能够在考评中不断总结经验，从而改进工作方法。不过，调查显示，员工自我评价一般比他人评价高，很少有人会自我贬低，容易形成极端分布。因此，这种方法不可单独进行。

3. 同事

同事进行的评价，在某些方面有特殊作用，如工作方式和工作态度。同事之间的工作相关性强，相互之间在一起共事，沟通较多，比较了解关于工作和行为的有效信息。但在同事考评时，有时可能因为个人关系而产生感情偏差，或者出现通过"轮流坐庄"获得奖励或避免惩罚的不负责任的行为。

4. 下级

由下属对员工进行评价也有重要意义。尤其对于其领导能力、沟通能力等方面的评价，往往具有很强的针对性。但也要看到，员工由于顾虑上级的态度及反应，可能不会反映真实情况。为了解决这一问题，应当由专门的部门进行组织，避免因评价结果而使员工受到打击报复。

5. 业务归属部门

企业中专业技术性较强的工作内容，往往由专门的职能部门进行归属管理，如财务部、质量部等。这些部门从特定角度进行绩效考评，在考评工作中具有非常重要的地位。

6.外请专家

由外请专业人员进行考评有特殊的意义。因为外请人员具有较强的专业技能，同被考评者之间没有利害关系，因而往往比较客观公正，考评结果也容易为员工所认同。但这样做成本较高，而且对于专业性很强的内容，专家也不一定十分了解。

二、绩效考评的原则

在进行绩效考评的时候，一定要做到科学、公正、客观，这样的考评才有意义。为此，应该遵循以下八项原则：

（一）制度化的原则

企业的绩效考评要作为企业的一项制度固定下来，同时，考核的标准、程序、责任等都要有明确的制度规定，并在操作中严格地按照制度的规定进行。这样，绩效考评才会有其权威性。

（二）公开化的原则

考评的内容标准要公开，使员工认识到所有的考评对大家都是一样的，这样才能使员工对绩效考评工作产生信任感，各部门和各员工之间就不会造成人为矛盾。同时，每个员工都可以明确了解到工作的要求是什么，这样就可以按照考评的标准来要求自己，提高工作绩效。

（三）客观性的原则

要做到考评标准客观、组织评价客观、自我评价客观，不能带有考评人的个人观点，尽量避免掺入主观性和感情色彩。必须用公认的标准，进行客观的评价。唯有客观性，才会保证其公正性。

（四）分层次的原则

绩效考核最忌讳的就是用统一的标准来评价不同的人和不同的工作要求。不同层次的员工，考评的标准和考核的内容是不同的。比如说，对一般员工的考评，主要考评其完成工作的数量、质量、效益及工作态度等；而对于主管人员来说，则不仅要考评其完成工作任务的数量、质量及效益，还要考评其企业及各部门目标的实现程度，再就是作为主管人员在计划、决策、指挥、激励、授权、培养人才等方面的成绩。

（五）同一性和差别性原则

在考评相同类别的员工时要用同一标准、同一尺度去衡量，同样的工作内容、工作职位不能用不同的标准去考核。例如，企业中不同部门的秘书工作，工作内容大致是相同的，可以用同一种考评标准来进行考核。在考核不同类别的员工时，要注意用不同的标准和尺度去衡量。例如，生产部门可以用产品的产量、合格率、物耗等指标，而销售部门则用销售额、销售费用、回款率等指标来进行衡量。

（六）单头考核原则

一些企业在考评时出现在员工与考评者、管理者之间的摩擦，最主要的原因就是在考评时多重考评、多头领导。在企业中最了解员工工作情况的是员工的直接主管。如果在考评时，间接的管理者对员工的工作情况妄加指责，就容易造成不公平现象，就会出现摩擦。当然，并不排除间接的上级对考评的结果进行调整修正。

（七）反馈的原则

对员工进行考评以后要把考评结果直接告诉员工，使员工能明白自己工作的成绩和不足，同时要向其提供对于今后工作的参考意见。还应及时地将考核的结果反馈给公司培训部门，培训部门根据考评结果，有针对性地加强员工培训工作。

（八）差别性的原则

考评方法要能评出工作的好坏差别。正常情况下，员工在工作中的成绩是有差别的，考评方法要正确体现出员工工作中的这种差别，使考核带有刺激性，鼓舞员工上进。

三、绩效考评体系

（一）绩效考评的特征

有效的绩效考评系统应该同时具备敏感性、可靠性、特征。

1. 敏感性

敏感性指的是工作绩效考评系统具有区分工作效率高的员工和工作效率低的员工的能力，否则既不利于企业进行管理决策，也不利于员工自身的发展，而只能挫伤主管人员和员工的积极性。如果工作评价的目的是升迁推荐等人事管理决策，评价系统就需要收集关于员工之间工作情况差别的信息；如果工作评价的目的是促进员工个人的成长发展，评价系统就需要收集员工在不同阶段自身工作情况差别的信息。

2. 可靠性

绩效考评体系的可靠性指的是评价者判定评价的一致性，不同的评价者对同一个员工所做的评价应该基本相同。当然，评价者应该有足够的机会观察工作者的工作情况和工作条件。研究结果表明，只有来自组织中相同级别的评价者才可能对同一名员工的工作业绩得出一致性的评价结果。罗思恩对 79 个企业的将近 10000 名员工的调查显示，两个评价者通过观察同一个员工做出的评价结论的相关度高达 0.65~0.73。

3. 准确性

绩效考评的准确性指的是应该把工作标准与组织目标联系起来、把工作要素和评价内容联系起来，进而明确一项工作成败的界限。工作绩效标准是就一项工作的数量和质量要求具体规定员工行为组合可接受的界限。我们知道，工作分析是描述一项工作的要求和对员工的素质要求，而工作绩效标准是区分工作绩效合格与不合格的标准，实际的工作绩效评价则是具体描述员工工作中的优缺点。业绩考评的准确性要求对工作分析、工作标准和工作绩效评价系统进行周期性的调整和修改。

4. 可接受性

绩效考评体系只有得到管理人员和员工的支持才能推行。因此，绩效考评体系经常需要员工的参与。业绩评价中技术方法的正确性和员工对评价系统的态度都很重要。

5. 实用性

业绩考评体系的实用性指的是评价系统的设计、实施和信息利用都需要花费时间、努力和金钱，组织使用业绩考评系统的收益必须大于其成本。美国的一项研究表明，设计和实施绩效考评体系的成本是平均每名员工 700 美元。

以上是绩效考评系统的五项基本要求，前三项被称为技术项目，后两项被称为社会项目。一般来说，只要绩效评价系统符合科学和法律的要求，具有准确性、敏感性和可靠性，就可以认为它是有效的。

（二）考评体系的设计

1. 评价者的选择

在员工绩效考评过程中，对评价者的基本要求有以下几个方面：第一，评价者应该有足够长的时间和足够多的机会观察员工的工作情况；第二，评价者有能力将观察结果转化为有用的评价信息，并且能够使绩效考评系统可能出现的偏差最小化；第三，评价者有动力提供真实的员工业绩评价结果。不管选择谁作为评价者，如果评价结果的质量与评价者的奖励能够结合在一起，那么评价者都会更有动力去做出精确客观的评价。一个值得注意的现象是，这种对评价者的激励与评价系统的设计和选择是同样重要的。一般而言，员工在组织中的关系是上有上司，下有下属，周围有自己的同事，组织外部还可能有客户。因此，可能对员工工作绩效进行评价的候选人有以下几种类型：

（1）员工的直接上司

在某些情况下，直接上司往往熟悉员工工作情况而且也有机会观察员工的工作情况。直接上司能够比较好地将员工的工作与部门或整个组织的目标联系起来，他们也对员工进行奖惩决策。因此，直接上司是最常见的评价者。但是这种评价的一个缺点是如果单纯依赖直接上司的评价结果，那么直接上司的个人偏见、个人之间的冲突和友情关系将可能损害评价结果的客观公正性。为了克服这一缺陷，许多实行直接上司评价的企业都要求直接上司的上司检查和补充评价者的考评结果，这对保证评价结果的准确性有很大作用。但有些企业采取的是矩阵式的组织结构，一个员工需要向多个主管报告工作；或者即使在非矩阵式的组织结构中，一位员工也可能与几个主管人员有一定程度上的工作联系。在这种情况下，综合几个主管人员对一个员工的评价结果会改进员工绩效考评的质量。

（2）员工的同事

一般而言，员工的同事能够观察到员工的直接上司无法观察到的某些方面。特别是在员工工作指派经常变动，或者员工的工作场所与主管的工作场所是分离的情况，主管人员通常很难直接观察到员工的工作情况，如推销工作。这时就既可以通过书面报告方式来了解员工的工作业绩，也可以采用同事评价。在采用工作团队的组织中，同事评价就显得尤为重要。在美国的夸克燕麦公司的宠物食品工厂，员工的绩效评价完全由同事评价来决定。这家公司使用工作团队方式已经有二十多年的历史，所有的晋升和薪酬政策都由工作团队来决定。当然，由于一个团队的员工彼此之间在奖金分配和职位晋升中存在着竞争关系，因此为了减少偏见，应该规定同事评价的工作内容。尽管很多人认为同事评价只能作为整个评价系统的一部分，但是 1984 年韦克斯利（K.N.Wexley）和克里姆斯基（R.Klimoski）的一项研究表明，同事评价可能是对员工业绩最精确的评价。研究结果还表明，同事评价对于员工发展计划的制定非常适合，但对人力资源管理决策似乎不适合。

（3）员工的下级职员

下级职员的评价有助于主管人员的个人发展，因为下级人员可以直接了解主管人员的实际工作情况、信息交流能力、领导风格、解决个人矛盾的能力与计划组织能力。在采用下级评价时，上下级之间的相互信任和开诚布公是非常重要的。在通常情况下。下级评价方法只是作为整个评价系统的一部分。在美国克莱斯勒公司，管理人员的工作绩效是由其下属匿名地来评价，评价的内容包括工作团队的组织、沟通、产品质量、领导风格、计划和员工的发展情况。被评价的上司在汇总这些匿名的报告以后再与下属来讨论如何进行改进。一般而言，由于下属和同事能够从与主管人员不同的角度来观察员工的行为，因此，他们能够提供更多的关于员工工作表现的信息。需要注意的是，如果员工认为自己的主管有可能了解每个人的具体评价结果，那么他们就可能对自己的上司给予过高的评价。

（4）员工的自我评价

关于员工自我评价的作用问题长期以来一直是有争议的。这一方法能够减少员工在评价过程中的抵触情绪，在工作评价和员工个人工作目标结合在一起时很有意义。但是，自我评价的问题是自我宽容，常常与他人的评价结果不一致，因此比较适合于个人发展用途，而不适合于人事决策。不难发现，有效的工作规范和员工与主管人员之间良好的沟通是员工自我评价发挥积极作用的前提。此外，经验表明，员工和主管人员双方关于工作业绩衡量标准的看法的一致性越高，双方对评价结果的结论的一致性也就越高。

（5）客户的评价

在某些情况下，客户可以为个人与组织提供重要的工作情况反馈信息。虽然客户评价的目的与组织的目标可能不完全一致，但是客户评价结果有助于为晋升、工作调动和培训等人事决策提供依据。

　　近年来，很多企业开始实行所谓的 360 度评价，即综合员工自己、上司、下属和同事的评价结果对员工的工作业绩做出最终的评价。上述这些业绩考评的信息来源在评价员工业绩的不同侧面时具有不同的效力，因此将它们综合起来无疑可以得到一个最全面的结论。但是实践证明，360 度的业绩考评方法只有在那些开放性高、员工参与气氛浓和具备活跃的员工职业发展体系的组织中才能够取得理想的效果。

2. 评价信息来源的选择

　　员工业绩考评的标准和执行方法要取决于开展绩效考评的目的。因此，在确定评价信息的来源以前，应该首先明确绩效考评的结果是为谁服务的，以及他们需要用这些绩效考评信息来做什么。评价信息的来源与评价目的之间的配合关系可以从两个方面来认识。第一，不同评价者提供的信息来源对人力资源管理中的各种目标具有不同的意义，第二，根据不同的评价标准得到的员工业绩考评信息对人力资源管理中的各种目标也具有不同的意义。如果为了给奖金的合理发放提供一个依据，就应该选择反映员工工作结果的标准来进行评价。如果为了安排员工参加培训或者要帮助他们进行职业前程规划，就应该选择工作知识等员工的个人特征作为评价标准。

3. 评价者的准备

　　一个好的评价者应该起到一个教练的作用，要能够激励员工。在工作绩效考评过程中，评价者容易出现的错误有对员工过分宽容或者过分严厉、评价结果集中、出现光环效应和产生对比误差等。其中，光环效应是指评价者根据自己对员工的基本印象进行评价，而不是把他们的工作表现与客观的工作标准进行比较。为了最大限度地减少这些业绩评价错误，应该在每次开展绩效考评前对评价人员进行培训。在培训评价者的过程中，提高工作绩效考评的可靠性和有效性的关键是应用最基本的学习原理，这就要求鼓励评价者对具体的评价行为进行记录，给评价者提供实践的机会，组织培训的主管人员要为评价者提供反馈信息，并适时地给予鼓励。此外，还要进行温习训练，巩固理想的评价行为。

　　通过对负责员工绩效考评的管理人员进行培训，使其在整个绩效考评过程中能够做到以下三个方面：第一，在绩效考评前就经常与员工交换工作意见，参加企业组织的关于员工绩效考评的面谈技巧的培训。学会在与员工的面谈中采用问题处理方式，而不是"我说你听"的方式。同时，应该鼓励员工为参加评价和鉴定面谈做好准备。第二，在绩效评价中，主管人员要鼓励员工积极参与评价工作的过程，不评论员工个人的性格与习惯，注意倾听员工的意见，最后要能够使双方为今后的工作目标改进达成一致的意见。第三，在绩效考评后，主管人员要经常与员工交换工作意见，定期检查工作改进的进程，并根据员工的表现及时给予奖励。

4. 绩效考评方法的选择

　　员工绩效考评方法可以分为员工特征导向的评价方法、员工行为导向的评价方法和员工工作结果导向的评价方法。

（1）员工特征导向的评价方法

这种评价方法是以员工特征为基础的业绩评价方法，衡量的是员工个人特性，如决策能力、对工作的忠诚度、人际沟通技巧和工作的主动性等方法。这种评价方法主要是回答员工"人"做得怎样，而不重视员工的"事"做得如何。这类评价方法最主要的优点是简便易行，但是有严重的缺陷。首先，以员工特征为基础的评价方法的有效性差，评价过程中所衡量的员工特征与其工作行为和工作结果之间缺乏确定的联系。例如，一名性情非常暴烈的员工在对待客户的态度上却可能非常温和。其次，以员工特征为基础的评价方法也缺乏稳定性，特别是不同的评价者对同一个员工的评价结果可能相差很大。最后，以员工特征为基础的业绩评价结果能为员工提供有益的反馈信息。

（2）员工行为导向的评价方法

在工作完成的方式对于组织的目标实现非常重要的情况下，以员工行为为基础的业绩考评方法就显得特别有效。例如，一名售货员在顾客进入商店时应该向顾客问好，帮助顾客寻找他们需要的商品，及时地开票和收款，在顾客离开时礼貌地道谢和告别。这种评价方法能够为员工提供有助于改进工作绩效的反馈信息，但是这种评价方法的缺点是无法涵盖员工达成理想工作绩效的全部行为。例如，一名保险推销员可能用积极的、煽动性很强的方法在一个月内实现了100万元的保费收入，而另一名保险推销员可能用非常谨慎的、以事实讲话的方式也在一个月内实现了100万元的保费收入。在这种情况下，如果员工的业绩考评体系认为前一种方法是有效的，那么对第二个员工就很不公平。

（3）结果导向的评价方法

这种方法是以员工的工作结果为基础的评价方法，先为员工设定一个最低的工作业绩标准，然后将员工的工作结果与这一明确的标准相比较。当员工的工作任务的具体完成方法不重要，而且存在着多种完成任务的方法时，这种结果导向的评价方法就非常适用。工作标准越明确，业绩评价就越准确。工作标准应该包括两种信息：一是员工应该做什么，包括工作任务量、工作职责和工作的关键因素等。二是员工应该做到什么程度，即工作标准。每一项工作标准都应该清楚明确，使管理者和员工都了解工作的要求，了解是否已经满足了这些要求。而且，工作要求应该有书面的工作标准。其实任何工作都有数量和质量两个方面的要求，只不过是二者的比例不同。由于数量化的工作结果标准便于应用，因此应该尽可能地把最低工作要求数量化。

结果导向的评价方法的缺点包括以下几个方面：第一，在很多情况下，员工最终的工作结果不仅取决于员工个人的努力和能力因素，也取决于经济环境、原材料质量等多种其他因素。因此，这些工作的业绩考评很难使用员工工作的结果来评价，即使勉强使用也缺乏有效性。第二，结果导向的业绩评价方法有可能强化员工不择手段的倾向。例如，提供电话购物服务的公司如果用员工的销售额来评价员工的业绩，那么员工就可能中途挂断顾客要求退货的电话，结果损害顾客的满意程度，减少重复购买率，这显然不利于组织的长期绩效提升。第三，在实行团队工作的组织中，把员工个人的工作结果作为业绩考评的依据会加剧员工个人之间的不良竞争，妨碍彼此之间的协作和相互帮助，不利于整个组织的工作绩效。第四，结果导向的业绩评价方法在为员工提供业绩反馈方面的作用不大，尽管这种方法可以告诉员工其工作成绩低于可以接受的最低标准，但是它无法提供如何改进工作绩效的明确信息。

在为具体的工作设计业绩考评方法时，需要谨慎地在这些类别中进行选择。除非员工的行为特征与工作绩效之间存在着确定的联系，否则就不应该选择这种简便的方法。一般而言，行为导向的评价方法和结果导向的评价方法的有效性比较高，这两类方法的某种结合可以胜任对绝大多数工作进行评价。

（4）工作绩效评价的周期

工作绩效评价周期是指员工接受工作业绩考评的时间间隔。员工业绩考评的周期应该受到以下几个因素的影响：

①根据奖金发放的周期长短来决定员工绩效考评的周期。例如，半年或者每一年分配一次奖金，因此对员工的业绩考评也要间隔半年或一年，在奖金发放之前进行一次。

②根据工作任务的完成周期来决定业绩考评的周期。

③根据员工的性质来决定业绩考评的周期，对于基层的员工，他们的工作绩效可以在比较短的时间内得到一个好或者不好的评价结果，因此评价周期就可以相对短一些；而对于管理人员和专业技术人员，只有在比较长的时间内才能看到他们的工作成绩。因此，对于他们的业绩考评的周期就应该相对长一些。

如果每个管理人员负责考评的员工数量比较多，那么在每次绩效考评的时期对这些管理人员来说工作负担就比较重，甚至可能因此影响到业绩考评的质量。因此，也可以采取离散的形式进行员工绩效考评，即当每位员工在本部门工作满一个评价周期（如半年或一年）时对这位员工实施业绩考评。这样可以把员工业绩考评工作的负担分散到平时的工作中，如中国惠普公司就采取这种做法。

在很多情况下，企业在员工进入组织满一年时会对他们的工作绩效进行一次评价。但是一年一次或两次绩效评价可能太少，因为评价者很难记住员工在长时间中的表现，容易发生错觉归类。这种心理现象是指人们往往忘记他们观察过的事物的细节，而是根据脑海中已经存在的心理类别，重新建立他们认为是真实的细节。工作绩效评价要求经常化，每当一个项目取得重大成果时就应该进行绩效评价。这可以及时为人事决策提供准确的信息，也可以使员工及时了解自己的工作情况。当然，过于频繁的绩效考评也有问题，因为这要花费许多时间，产生许多麻烦。所以，人力资源管理对绩效考评频率的一个重要的观点是在一个重要的项目或者任务结束之后，或在关键性的结果应该出现的时候进行绩效考评。

（5）绩效考评类别

不同的绩效考评目的，绩效考评类别有所不同。

第三节 绩效考评方法

一、绩效考评的主观方法

绩效考评的主观方法，是将员工之间的工作情况进行相互比较，得出对每个员工的相对优劣的评价结果。主要方法有：业绩评定表法、评级量表法、行为观察评价法、报告法、成对比较法、情境模拟法、民意测验法。

（一）业绩评定表法

业绩评定表法是一种广泛采用的考评方法，它根据所限定的因素来对员工进行考评。这种方法是在一个等级表上对业绩的判断进行记录。这个等级被分成几类，它常常采用诸如优秀、良好、一般、较差、不及格等形容词来定义。当给出了全部等级时，这种方法通常可以便于一种以上的业绩评定标准。评价所选择的因素有两种典型类型：与工作有关的因素和与个人特征相关的因素。而个人特征因素有诸如依赖性、积极性、适应能力和合作精神等。评价者通过指明最能描述出员工及其业绩的每种因素的比重来完成这项工作。业绩评定表法的优点：简单、迅速、主要因素明显。每评定一项仅考虑一个因素，不允许因某个因素给出的评价而影响其他因素的决定。业绩评定表法的缺点：一是对过去业绩和将来潜力同时做出评价方面有些欠缺。二是缺乏客观性，通常使用的因素如态度、忠诚和品格等都是难以衡量的，另外，这些因素可能与员工的工作业绩没有关系。

（二）评级量表法

评级量表法是被采用得最普遍的一种考评方法，这种方法主要是借助事先设计的等级量表来对员工进行考评。使用评级量表进行绩效考评的具体做法是：根据考评的目的和需要设计等级量表，表中列出有关的绩效考评项目，并说明每一项目的具体含义，然后将每一考评项目分成若干等级并给出每个等级相应的分数，由考评者对员工每一考评项目的表现做出评价和记分，最后计算出总分。

（三）行为观察评价法

行为观察评价法在工作绩效评价的角度方面能够提供更加明确的标准。在使用这种评价方法时，需要首先确定衡量业绩水平的角度，如工作的质量、人际沟通技能、工作的可靠性等。每个角度都细分为若干个具体的标准，并设计一个评价表。评价者将员工的工作行为同评价标准进行比照，每个衡量角度的所有具体科目的得分构成员工在这一方面的得分。将员工在所有评价方面的得分累加，就可以得到员工的评价总分。

这种行为观察评价法的主要优点是设计和实施时所花费的时间和金钱都比较少，而主要缺点是不同的评价者经常在对"几乎没有"和"几乎总是"的理解上有差异，结果导致业绩考评的稳定性下降。

（四）报告法

报告法是以书面形式对自己的工作所做的总结。这种方法适用于较高级管理人员的自我考评，并且考评的人数不多。自我考评是自己对自己某段工作的总结，让被考评者主动地对自己的表现加以考评、反省，为自己做出评价。

（五）成对比较法

成对比较法是评价者根据某一标准将每一员工与其他员工进行逐一比较，并将每一次比较中的优胜者选出。最后，根据每一员工净胜次数的多少进行排序。这一方法的比较标准往往比较笼统，不是具体的工作行为或是工作成果，而是员工评价者对员工的整体印象。一般认为，成对比较方法比较适合进行工资管理。

（六）情境模拟法

情境模拟法是美国心理学家茨霍恩等人的研究成果。情境模拟法将被考核人员置于一种模拟的工作情境之中，运用仿真的评价技术，对其处理现实问题的能力、应变能力、规划能力、决策能力进行模拟现场观察考评，从而确定被考评者适宜的工作岗位和具体工作。其优点是，使考评者如身临其境，便于直接观察，准确度较高，但要花相当多的人力、物力。

（七）民意测验法

该法把考评的内容分为若干项，制成考评表，每一项后面空出五格：优、良、中、及格、差，然后将考评表发至相当范围。考评前，也可先请被考评者汇报工作，做出自我评价，然后由参加评议的人填好考评表，最后算出每个被考评者得分平均数，借以确定被考评者工作的档次。民意测验的参加范围，一般是被考评者的同事和直属下级，以及与其发生工作联系的其他人员。

此法的优点是群众性和民主性较好，缺点是主要自下而上地考察管理人员，缺乏自上而下的考察，由于群众素质的局限，会在掌握考评标准上带来偏差或不科学因素。一般将此法用作辅助的、参考的手段。

第四节 考核面谈、反馈与改进

一、考核面谈、反馈与改进的理论基础

（一）绩效反馈的含义

所谓绩效反馈就是使员工了解自身绩效水平的各种绩效管理手段。绩效反馈是绩效沟通最主要的形式。同时，绩效反馈最重要的实现手段就是管理者与员工之间的有效沟通。

（二）考核面谈、反馈与改进的理论基础——反馈干涉理论

绩效考核面谈的主要目的，一方面是要让员工了解自己的考核结果背后的原因，以此来增加共识、减少误解和猜疑；另一方面，更重要的是要改善员工的绩效及为员工的发展提供建议。绩效考核面谈的有效性是基于反馈干涉理论的。反馈干涉理论认为，在满足以下五个基本假定的条件下，绩效考核面谈能够有效地提高员工的绩效：

①员工的行为调整取决于反馈结果与一个目标或标准的比较。

②目标或标准是分层次的。

③员工的注意力是有限的，所以只有那些反馈与标准的差距才会引起他们的注意，并调整其行为。

④注意力通常被导向层级的趋中层次。

反馈干涉改变了注意力的所在，从而影响行为。

（三）绩效反馈与面谈的目的

主管对员工的绩效情况进行评估后，必须与员工进行面谈沟通。这个环节是非常重要的。绩效管理的核心目的是为了不断提升员工和组织的绩效水平，提高员工的技能水平。这一目的能否实现，最后阶段的绩效反馈和面谈起了很大的作用。通过绩效反馈面谈可以达到以下几个方面的目的：

1. 对绩效评估的结果达成共识

绩效评估往往包含许多主观判断的成分，即使是客观的评估指标，也存在对于采集客观数据的手段是否认同的问题。因此，对于同样的行为表现，评估者与被评估者由于立场和角色的不同，往往会给出不同的评估。因此，双方对于评估结果的认同必然需要一个过程。对评估结果达成共识有助于双方更好地对被评估者的绩效表现做出判断。

2. 让员工认识到本绩效期内自己取得的进步和存在的缺点

每个人都有被认可的需要，当员工做出成就时，他需要得到主管的承认或肯定，这会对员工起到积极的激励作用。同时，员工的绩效中可能存在一些不足之处，或者想要维持并进一步改善现有的绩效。通常来说，员工不仅关注自己的成绩和绩效结果，更希望有人指出自己需要改进的地方。通过评估反馈，主管和员工共同分析绩效不足的原因，找出双方有待改进的方面，从而促进员工更好地改进绩效。

3. 制定绩效改进计划

在管理者和员工就评估结果达成一致意见之后，双方应就面谈中提出的各种绩效问题制定一个详细的书面绩效改进计划。在绩效改进计划中，双方可以共同确定出需要解决的问题、解决的途径和步骤，以及员工需要管理者提供的帮助等。

4. 协商下一绩效管理周期的绩效目标和绩效标准

绩效管理是一个往复不断的循环过程，一个绩效周期的结束恰好是下一个周期的开始。因此，上一个绩效管理周期的绩效反馈面谈可以与下一个绩效周期的绩效计划面谈合并在一起进行。

（四）绩效反馈与面谈的原则

当主管和员工关于反馈面谈的资料均准备完毕以后，主管和员工按照原计划在预定的时间和地点，遵循科学的原则，就可以有效地实施反馈和面谈。一般来讲，在绩效考核反馈与面谈时应遵循的原则有以下几条：

1. 建立并维护彼此之间的信任

信赖可以理解为一种适合面谈的气氛。首先，面谈的地点非常重要，必须在一个使彼此都能感到轻松的场合。噪声一定要极小，没有第三者可以看到面谈的两人。主管要使双方能顺利沟通，使员工无拘无束坦诚地表达意见。此时，来一杯咖啡或红茶有助于制造良好的气氛。

在面谈时一定要以一些称赞和鼓励的话打开局面，这种称赞和鼓励可以营造一种轻松、热情、愉快及友好的氛围，使面谈在一种双方都愉快的气氛中开始。

2. 清楚说明面谈的目的和作用

清楚地让员工明白此次面谈要做什么，可用较积极的字眼，譬如："今天我们面谈的目的是希望大家能一起讨论一下你的工作成效，并希望彼此能有一致的看法，肯定你的优点，也找出哪些地方有待改进，紧接着我们要谈谈你的未来及将来如何合作达到目标。"明确面谈目的，可以消除被评估者心中的疑虑。

3. 鼓励员工多说话

在面谈的过程中，应当注意停下来听员工正在说什么，因为你了解的情况不一定就是真实的。鼓励下属主动参与，有利于对一些问题快速达成共识，同时便于了解下属的思想动态。

4. 注意全身心地倾听

倾听时要以员工为中心，把所有的注意力都放在员工身上，因为倾听不单是对员工的尊重，也是营造氛围、建立信赖、把握问题的关键。

5. 避免对立和冲突

在面谈中，员工往往有一种自卫的本能阻挡他接受不愿听的信息，甚至容易为此与主管发生冲突，如果主管利用自己的领导权威强行解决冲突，很可能会付出相当大的代价。它可能破坏员工与管理者之间的信赖，导致以后的沟通难以做到开诚布公。

6. 集中于未来而非过去

绩效管理的核心在于未来绩效的提升，而不是像反光镜那样聚焦过去。双方只有关注未来，才能使得员工真心实意地拥护并切实参与到绩效管理当中来，绩效管理才是真正具有激励意义的管理。

7. 集中在绩效，而不是性格特征

在绩效反馈面谈中双方应该讨论和评估的是工作绩效，也就是工作中的一些事实表现，而不是讨论员工个人的性格。员工的性格特点不能作为评估绩效的依据；在谈到员工的主要优点和不足时，可以谈论员工的某些性格特征，但要注意这些性格特征必须是与工作绩效有关的。例如，一个员工性格特征中有不太喜欢与人沟通的特点，这个特点使他的工作绩效因此受到影响，由于不能很好地与人沟通，影响了必要工作信息的获得，也不能得到他人很好的配合，从而影响了绩效。这样关键性的影响绩效的性格特征还是应该指出来的。

8. 找出双方待改进的地方，制定具体的改进措施

沟通的目的主要在于未来如何改进和提高，改进包括下一阶段绩效目标的确定，以及与员工订立发展目标。

9. 该结束时立刻结束

如果你认为面谈该结束时，不管进行到什么程度都不要迟疑。下面的情况有任何一种出现均要停止面谈：彼此信赖瓦解了，部属或主管急于前往某个地方，下班时间到了，面有倦容等。此时如果预定的目标没能在结束之前达到，也要等下一次再进行。

10. 以积极的方式结束面谈

要使部下离开时满怀积极的意念，不要使员工只看到消极的一面，而怀着不满的情绪离去。

二、绩效考核面谈的准备

在准备工作绩效考核交谈时，需要做三件事情：首先，要对工作绩效考核的资料进行整理和分析。

对即将接受面谈的员工的工作描述进行研究，将员工的实际工作绩效与绩效标准加以对比，并对员工原来的工作绩效评价档案进行审查。

其次，给员工较充分的准备时间。

应至少提前一周通知员工，使其有时间对自己的工作进行审查、反思；阅读他们自己的工作描述；分析自己工作中存在的问题，收集需要提出的问题和意见。

最后，面谈时间和地点的选择。

应当找一个对双方来说都比较方便的时间来进行面谈，以便为整个面谈过程留有一段较为充裕的时间。通常情况下，与办公室工人和维护工人这样低层次的员工所进行的面谈不应该超过一个小时，而与管理人员所进行的面谈则常常要花费 2~3 小时。不仅如此，面谈地点应当具有相对的安静性，以免面谈被电话或来访者打扰。

三、绩效考核面谈的执行

（一）绩效面谈的要点

在进行工作绩效考核面谈时，应当牢记以下几个要点：

1. 谈话要直接而具体

交谈要根据客观的、能够反映员工工作情况的资料来进行。这些资料包括以下几个方面的内容：缺勤、迟到、质量记录、检查报告、残次品或废品率、订货处理、生产率记录、使用或消耗的原料、任务或计划的按时完成情况、成本控制和减少程度、差错率、实际成本与预算成本的对比、顾客投诉、产品退回、订货处理时间、库存水平及其精确度、事故报告等。

2. 不要直接指责员工

例如，不要对员工说："你递交报告的速度太慢了。"相反，你应当试图将员工的实际工作绩效与绩效标准进行对比（如"这些报告通常应当在 10 天内递交上来"）。同样，也不要将员工个人的工作绩效与他人的工作绩效进行对比（如"他比你递交报告的速度要快多了"）。

3. 鼓励员工多说话

应当注意停下来听员工正在说什么；多提一些开放型的问题，比如，"你认为应当采取何种行动才能改善当前的这种状况呢？"还可以使用一些带有命令性质的话，如"请继续说下去"或"请再告诉我一些更多的事情"等；最后，还可以将员工所表述的最后一点作为一个问题提出来，比如，"你认为自己无法完成这项工作，是吗？"

4. 不要绕弯子

尽管不能直接针对员工个人，但必须确保员工明白自己到底做对了什么，又做错了什么。因此，以下做法可能是非常有意义的：给他们举出一些特定的例子；在他们了解如何对工作加以改善及何时加以改善之前，确信他们对问题已经搞明白，并且你们之间确实已经达成了共识，然后再制定出一个行动方案。

第五章　人力资源管理的稳定系统

第一节 基于战略的人力资源规划系统

一、人力资源规划的作用

人力资源规划是一个涉及多因素，平衡和协调企业内、外部劳动关系的过程，也是人力资本经营中的一项最为重要的工作内容，是预测组织内的人力资本要素，并且决定为满足和达到这些要求所必须进行的各项工作。人力资源规划包括编制和实施各种计划项目，以保证当企业中某一职位空缺，或者发生某类人才短缺时，能够尽快地解决这类问题，使得组织中的各项工作得以顺利进行。主要有两方面：一是按照企业发展的需要，保持一定数量、具备特定技能、知识结构和能力的人员；二是预测组织中潜在的人员过剩和人员不足，并采取相应措施，保持企业人才供求的平衡。在我国目前人才市场化条件下，市场上人才不多，因而企业更多地要靠自己培养和储备人才，所以企业在制订人力资源规划进程中需要过渡性的目标和规划，循序渐进地培训人才。特别是那些不热门的行业和企业，在人才的储备上更要因地制宜，不求最好，但求合适。

一个企业为使其经营管理实践富有成效，既要做战略规划，又要做战术规划或经营规划，同时还要做人力资源规划，从某种意义上讲，人力资源规划具有更加重要的意义。

（一）人力资源规划的一般性作用

人力资源规划的一般性作用即通过人力资源规划，使企业的人力资源在数量上、效率上和制度上与企业的战略要求保持一致性。通过这几个方面的一致性，使人力资源体系能够最有效地支持企业的战略以及最有效地支持企业获取其竞争优势。

（二）人力资源规划的具体作用

1. 帮助组织识别战略目标、提供有利环境

组织在不断变化的社会环境中生存，战略目标不可能一成不变。人才的稀缺性使组织

认识到，战略是现实的，不是理想化的，那种需要什么人才就可以找到什么人才的时代已经走远了，在当今社会，必须将"需要什么人才与能够获得什么人才"结合起来，才能形成理性的战略。人力资源规划通过需求预测、供给预测，可以使组织辨别战略、目标、愿景的现实性和科学性。

人力资源规划有助于创造组织实现战略目标的内部环境。组织的内部环境是一个多种资源综合作用的复杂体系，是人力资源管理的一个关键要素。通过人力资源规划，进行合理的人员配置、安排、流动，可以实现多种资源的优化配置，促进资源使用效率的提高，为组织战略目标的实现提供一个良好的内部环境。

2. 确保组织在生存发展过程中对人力的需求

组织的生存和发展与人力资源的结构密切相关。在静态的组织条件下，人力资源的规划并非必要。因为静态的组织意味着它的生产经营领域不变、所采用的技术不变、组织的规模不变，也就意味着人力资源的数量、质量和结构均不发生变化。显然，这是不可能的。对于一个动态的组织来说，人力资源的需求和供给的平衡就不可能自动实现，因而就要分析供求的差异，并采取适当的手段调整差异。由此可见，预测供求差异并调整差异，就是人力资源规划的基本职能。

3. 组织管理的重要依据

在大型和复杂结构的组织中，人力资源规划的作用是特别明显的。因为无论是确定人员的需求量、供给量，还是职务、人员以及任务的调整，不通过一定的计划显然都是难以实现的，人力资源规划能为人力资源管理各个板块的工作提供背景和目标设置。例如，需要什么样的人、需要多少人、什么时候需要人、什么岗位需要人、如何避免各部门人员提升机会的不均等的情况、如何组织多种需求的培训等。这些管理工作在没有人力资源规划的情况下，就避免不了"头痛医头、脚痛医脚"的混乱状况。

4. 控制人工成本

人力资源规划对预测中、长期的人工成本有重要的作用。人工成本中最大的支出是工资，而工资总额在很大程度上取决于组织中的人员分布状况。人员分布状况指的是组织中的人员在不同职务、不同级别上的数量状况。当一个组织年轻的时候，处于低职务的人多，人工成本相对便宜，随着时间的推移，人员的职务等级水平上升，工资的成本也就增加。如果再考虑物价上升的因素，人工成本就可能超过企业所能承担的能力。在没有人力资源规划的情况下，未来的人工成本是未知的，难免会发生成本上升、效益下降的趋势。因此，在预测未来企业发展的条件下，有计划地逐步调整人员的分布状况，把人工成本控制在合理的支付范围内，展望是十分重要的。

5. 人事决策方面的功能

人力资源规划的信息往往是人事决策的基础，如采取什么样的晋升政策、制订什么样的报酬分配政策等。人事政策对管理的影响是非常大的，而且持续的时间长，调整起来也困难。为了避免人事决策的失误，准确的信息是至关重要的

6. 有助于调动员工的积极性

人力资源规划可以使员工看到未来组织在各个层面对人力资源的需求，也就是对员工的发展要求，员工可以看到自己的发展前景。这就为员工个体设定了一个目标，可以指导员工设计自己的职业生涯发展规划，这对提高员工综合素质、实现个人目标、提高工作质量和生活质量都是非常有益的，从而调动员工的积极性。

二、企业战略对人力资源规划的指导意义

（一）人力资源规划与人力资源战略之间的关系

人力资源规划指对企业的人力资源进行高效、科学地安排，最大程度提升资源的利用效率，其能够推动企业长远发展，为实现企业发展目标提供保障。就本质而言人力资源规划要求企业根据自身的实际情况与发展目标，对人力资源的未来发展进行必要的预测与规划，从而确保企业能够实现长远发展。

基于战略的人力资源规划发展模式是人力资源规划的发展趋势，也是比较完整和系统的人力资源规划思考和研究模式。

（二）基于战略的人力资源规划的相关原则

1. 成本领先战略

降低企业成本能够在很大程度上提升经济效益，为企业带来更大的利润空间，人工成本作为企业支出的重要组成部分，企业应该通过加强成本考核与预算控制来降低人工成本。因此，企业应该根据工作内容控制工作人员的数量，并且在招聘工作人员时应该选择那些综合素质高的人员，从而最大限度地降低企业成本。

2. 集中化战略

为了部分高收益的细分市场与特殊的消费者群体，企业可以实行集中化战略，这能够使企业通过花费最少的支出来获得最大的收益，从而有效提升企业的竞争力，使其在激烈的市场竞争中立于不败之地。

3. 成长战略

在成长战略的应用时期，企业往往需要通过投入大量的资金与人力，来提升市场份额与扩大企业规模，进一步为新产品开拓更大的市场。因此，在该阶段，企业需要加强对工作人员的筛选与培训，进一步提升工作人员的工作能力，使人力资源能够更好地满足企业

扩张的需要。另外，为了能够更好地顺应时代发展的需求，满足工作人员自我完善的需要，企业应该对各部门的工作人员进行有针对性的培训，提升其专业技术水平与综合素质，进一步为提升企业的市场竞争力和经济效益创造必要的条件。

（三）战略视角下人力资源规划应考虑的因素

1. 与公司战略目标一致

人力资源规划应从战略目标出发，以战略为指导，确保人力资源政策的正确性与有效性。因此，人力资源规划的前提是企业发展与企业战略，每个企业都有明确、具体的发展战略目标，并且在经营上往往涉足于不同的业务领域，其中不乏有许多新兴产业，这就要求人力资源规划要随着企业的战略变化而作出调整，保证企业在发展过程中有充足的人力资本做支撑。

2. 关注企业外部环境的变化

企业之间竞争愈加激烈，外部环境变化愈加快速。事实上，企业外部的政治、经济、法律、技术、文化等一系列因素一直处于动态的变化中，相应地就会引起企业内部的战略目标不断地变化，从而又会导致人力资源规划随之变化。因此，人力资源规划并不是一成不变的，它必须保持一定的弹性，以免出现人力资源僵化、失调而妨碍企业的发展。

3. 培养专业的人力资源规划人才

目前，虽然许多企业成立了人力资源部，但在行使部门职能的时候，普遍存在一些问题。其主要表现在：整体素质不高，专业人员很少，专业知识储备不足，专业技能不够；许多人力资源工作者没有受过良好的培训，不能掌握现代的人力资源管理理论和技能；对人力资源规划的程序以及人员需求、供给的预测方法掌握不了，从而无法作出较好的人力资源规划。因此，为了保证企业人力资源规划的有效实施，企业应对人力资源规划方面的专业人才进行系统的培养，以保证人力资源部门的正常运转，以实现其部门职能，支撑企业的经营战略实施，最终实现企业的战略目标。

三、管理者在战略规划中扮演的角色

（一）高层管理者在战略规划中扮演的角色

从根本上说，制订战略规划的责任应当由高层管理者来承担。在战略规划方面作出错误选择的后果是非常可怕的，因而几乎没有哪一位高层管理者会将如何使组织内部的优势和劣势与外部的机遇和威胁相匹配，从而保持组织竞争优势的决策授权给其他人去做。公司的高层管理者必须决定公司应当进入哪个经营领域，以及依靠什么进行竞争。

（二）部门经理在战略规划过程中扮演的角色

公司中其他的管理人员，如销售部门、生产部门以及人力资源管理部门的经理在组织的战略规划中到底起什么作用呢？他们在战略规划和管理过程中都扮演着非常重要的角色。具体地说，他们帮助高层管理者设计战略规划，制订能够支持组织整体战略规划的部门职能战略，同时执行这些计划。

四、战略视角下人力资源规划实施步骤

企业人力资源规划要围绕企业的战略、经营、结果、价值来做，在做人力资源规划前，必须思考三个层次的问题：

（1）人力资源规划是否与公司战略匹配？是否为公司总战略服务？

（2）人力资源规划是否为完成公司的经营目标服务？是否帮助公司提高收入、降低成本、提升利润？

（3）做人力资源规划后应该达到什么样的结果？达到结果后是否为公司创造相应的价值？

企业人力资源战略规划的设计，应当充分体现信念、远景、任务、目标、策略等基本要素的统一性和综合性。那么如何展开企业内的人力资源规划工作呢？

（一）调查分析企业人力资源规划信息

在调查分析阶段，要认清企业总体发展战略目标方向和内外部环境的变化趋势。人力资源规划是建立在企业对人力资源需求之上的，所以人力资源规划的第一步就是预测企业人力资源的供给和需求状况。信息搜集是正确预测的基础，所以首先要搜集相关信息并分析。

1. 外部环境的信息

外部环境的信息主要是对构成外部人力供给的多种制约因素，一般来说，影响因素主要有外部劳动力市场的状况、政府的职业培训政策、国家的教育政策以及竞争对手的人力资源管理政策，还有诸如人口、交通、文化教育、法律、择业期望、企业的吸引力等因素的分析，这些都会直接影响到人力资源供给和需求。

2. 内部环境的信息

组织的发展战略、经营规划、组织结构、管理风格等都是在人力资源规划时要详细分析的，具体包括未来的发展目标、市场组合、竞争重点、经营区域、生产技术组织条件、生产规模、任务计划、不同的产品组合、职位的设置、员工的工作情况等。

3. 现有人力资源的信息

要对企业现有人力资源的数量、质量、结构等进行分析，包括员工的录用资料、教育资料、工作经历、工作业绩记录、工作能力态度记录等方面的信息，以及对企业现有员工

的构成、配置及潜力状况、流动比率等进行统计，继而进行人力资源的需求与供给预测。

（二）建立人力资源规划目标

人力资源规划的第二个步骤是建立人力资源规划目标。人力资源规划一定是为公司总战略目标服务的，在公司总战略目标的指导下，再扩展公司人力资源规划的目标，所以人力资源必须协助好公司管理层定好方向。所谓方向包含哪些要素呢？这里指的是：

（1）定战略：为把握公司的战略方向正确，所以人力资源部乃至其他部门管理人员需群策群力和最高领导定好公司的发展方向。

（2）定目标：在新的经济发展形势下，结合公司内外部环境进行综合分析和评估，人力资源部将组织公司各个部门负责人集中讨论确定公司未来的发展目标，并且得到各部门负责人的全力认同和支持，再进行目标分解。

（3）定组织：在确定公司总目标以后，包括人力资源部在内的公司各个部门，确定单元部门的责任、职能、层级等，保证组织与组织之间为达成总目标给予的必要支持。

（4）定业务：当知道公司的未来发展战略和目标以后，同时明确目标承担的部门组织，再确定未来公司将要进入哪些领域发展，为明确公司及各个组织之间的努力方向做铺垫。

（5）定流程：为达成公司战略目标，必须保证各个环节及价值链的有效衔接，所以在实施业务开展中必须确定明确、清晰、合理的价值流程，只有各个业务节点高效衔接才能保证和促进公司战略目标的达成。

（三）人力资源需求和供给情况预测

企业的人力资源需求预测主要是基于企业的发展实力和发展战略目标的规划。人力资源部门必须了解企业的战略目标分几步走，每一步需要什么样的人才和人力做支撑，需求数量是多少，何时引进比较合适。人力资源成本分析等内容。然后才能够作出较为准确的需求预测。

（四）企业人力资源战略规划的制订

企业人力资源战略规划的制订是基于以上获得的信息来开展的，是与企业的发展战略相匹配的人力资源总体规划。是企业人力资源管理体系形成的基础和保证。企业的人力资源体系能否建立起来，建立的如何，取决于企业的人力资源战略规划制订的基本内容是否全面和水平的高低。

（五）企业人力资源战略规划的实施与执行

人力资源战略规划的实施与执行实际就是构建或者是规范企业的整个人力资源管理体系，即按照企业的人力资源战略规划来逐步建立或者完善企业现有的人力资源管理体系。把企业的发展战略和人力资源战略规划中的目标和计划进行分解和落实。

（六）企业人力资源战略规划的监控和评估

在企业人力资源战略规划的实施执行过程中，需要不断监控人力资源战略规划的具体落实情况，不断搜集人力资源管理方面的资料和信息，查看人力资源战略规划是否与企业的发展战略相匹配、是否与企业的人力资源体系模块的设计相匹配，人力资源管理的各体系模块建立的合理性和可操作性，同时在企业人力资源管理体系实施和执行的一个相对周期内对人力资源战略规划实施情况进行必要的分析和评估，并根据企业内外部环境的变化来调整人力资源战略规划的内容以适应企业整个发展战略的变化。

五、人力资源规划的系统推进

人力资源规划只有与人力资源管理的其他体系（如招聘、绩效管理、薪酬、培训等）相互配合、实现互动，并且使人力资源规划的结果通过这些体系得到具体的落实，才能真正体现出人力资源规划的战略性价值。人力资源规划与人力资源管理其他体系的关联性如下：

（一）与招聘录用的关联性

人力资源规划的实施必然涉及员工的招聘录用问题。在目前的企业运作中，往往是在用人部门感到人手不够时才向上汇报，由人力资源部门汇总信息并实施招募。各部门之间互不了解、沟通不畅造成人员重复招聘的现象时有发生，急需用人时降低用人标准的情况也屡见不鲜。因此，企业的人员招聘录用工作必须在人力资源规划的指导下，制订有目标导向性与预见性的人员补充计划——根据战略的要求及劳动力市场的涨落适时吸纳、储备人才，降低用人成本及招募成本，形成合理的人才梯队。

（二）与绩效评估的关联性

传统的绩效评估方案提出希望员工达到的绩效目标，然后企业据此评估员工是否按照目标与计划行事。完善的绩效评估则应该提供企业和员工平衡发展的信息，即一方面评价员工是否完成了既定的绩效任务，是否帮助企业实现了绩效目标；另一方面评估员工在完成工作任务的过程中是否提高了自身能力，是否存在缺陷以及如何弥补等。因此，绩效评估的结果要应用于人力资源规划。通过对员工绩效水平的评估体现他们的能力及发展潜力，让员工明确职业发展的前景及方向，有利于提高组织配置人员的适应性及规划的准确性。

（三）与薪酬管理的关联性

人力资源规划的一项内容是计划企业的人工成本支出总量即薪酬总额。此外，企业支付薪酬的原则及策略必须体现战略的要求，激励员工创造高业绩、提高自身能力，同时在整体上保证有更多报酬与机会向核心人员倾斜。总之，薪酬的给付必须既要考虑劳动力市场的竞争状况、企业的支付实力，又要体现企业战略的要求，实现与企业其他人力资源模块的联动。这些都是通过人力资源规划中的工资与奖金计划来实现的。

（四）与培训的关联性

人力资源规划为员工的培训开发提供了目标与方向，使组织的需要与员工个人的需要能够有效结合，提高了培训开发的针对性与有效性。因此，人力资源规划是人力资源管理系统的统帅，它作为核心指挥其他人力资源管理体系的运行，并实现整个人力资源系统的协调运转，提高人力资源的质量与使用效率，帮助企业实现战略目标。

第二节 基于胜任力的人力资源培训系统

一、胜任力模型

（一）胜任力

胜任力是驱动员工产生优秀工作绩效、可预测、可测量的各种个性特征的集合，是可以通过不同方式表现出来的知识、技能、个性与内驱力等。胜任力是判断一个人能否胜任某项工作的起点，是决定并区别绩效差异的个人特征。

需要注意的是，上述胜任力概念中有三个关键点：相关性，胜任力能够产生优秀的工作绩效，即胜任力与工作绩效是相关的；可预测，依据胜任力可以预测一个人能否胜任某项工作或能否取得好的工作绩效；可测量，胜任力是可以通过行为表现的各种特征的集合，并可以用一些特定的标准来测量。

1. 胜任力的构成要素

（1）动机。动机是推动个人为达到一定目标而采取行动的内驱力。动机会持续推动个人行为朝着有利于目标实现的方向前进。麦克利兰认为："动机是一种对目标状态或情形的关注，它表现为一种重复发生的幻想，从而持续驱动、引导着人的行为。"例如，成就动机高的人常常为自己设定一些具有挑战性的目标，并尽最大努力去实现它，同时积极听取反馈以便做得更好。

（2）个性。个性表现出来的是一个人对外部环境与各种信息等的反应的方式、倾向与特性。个性与动机可以预测一个人在长期无人监督情况下的工作状态。例如，责任心强的人自己要求把工作做好。

（3）自我形象。自我形象是个人自我认知的结果，是个人对自己的看法与评价。一个人对自我的评价主要来自将自己与他人进行比较，而比较的标准是他们所持有的价值观。因此，这种自我形象不仅仅是一种自我观念，也是在个人价值观范畴内对这种自我观念的解释与评价。

（4）社会角色。社会角色是个人对于其所属的社会群体或组织接受的并认为恰当的一套行为准则的认识。个人所承担的角色既代表了其对自身所具备特征的认识，又包含了其对他人期望的认识，这种角色是建立在个人动机、个性与自我形象基础上的，表现为个人一贯的行为方式与风格，即使个人所处的社会群体或组织发生变化也不会有所改变。例如，认为自己的角色是"服务者"的管理人员总是站在下属的角度考虑问题。

（5）价值观。价值观是指一个人对周围的客观事物（包括人、事、物）的意义、重要性的总评价和总看法，是决定人的行为的心理基础。价值观具有相对的稳定性和持久性。在同一客观条件下，对于同一事物，人们因价值观不同而会产生不同的行为，这将对组织目标的实现起到完全不同的作用。例如，对于不偷偷排污就面临亏损的问题。有的人会坚持维护公众利益。有的人则会坚持维持企业利益。

（6）态度。态度是一个人的自我形象、价值观以及社会角色综合作用外化的结果，它会随着环境的变化而变化。例如，技术研发人员对领导简单粗暴的管理方式很不满意，可能会影响其工作绩效。

（7）知识。知识是指一个人在某一特定领域所拥有的事实型与经验型信息。例如，操作工了解机器设备的运转知识与操作规程以及停机维修保养的时间与周期等。

（8）技能。技能是指一个人结构化地运用知识完成某项具体工作的能力。技能也是指对知识和技术的掌握，但这种知识和技术是能够完成具体工作的知识和技术，即技能的运用一定要产生某个可测量的结果，这与胜任力的概念也是一致的。例如，操作工能够熟练操作机床生产产品。

2. 胜任力构成要素的特点

（1）知识、技能等显性要素的重要性相对较低，但容易得到提高。通过培训、工作轮换、调配晋升等多种人力资源管理手段与措施，使员工个人具备或提高知识与技能水平是相对容易且富有成效的。

（2）动机、价值观等隐性要素的重要性相对较高，但不易改善。相对于知识与技能，胜任力构成要素中的潜在部分既难以改善也难以评价，因而也难以在未来进行培养与开发。

（3）各要素之间存在相互的内在驱动关系。各种要素之间，无论是显性要素还是隐性要素，都存在内在驱动关系，它们相互影响、相互作用，并不是独立存在的。

胜任力构成要素中的隐性要素决定了行为的方向、强度、持久性等，显性要素则制约了行为的具体内容和方式。所以，组织仅凭借知识与技能来甄选员工是远远不够的，还要测评动机、价值观等隐性部分，因为这一部分往往更重要、更不易改变。当然，不易改变并不意味着不能改变。胜任力构成要素之间存在相互作用关系，可以采取相应的培养与开发手段逐渐改变员工的胜任力。

（二）胜任力模型

1. 胜任力模型的定义

从上述定义中可以看出，首先，胜任力模型是胜任力的组合，胜任力有不同的类别和等级，所以胜任力模型一定涉及胜任力的类别和等级；其次，胜任力是针对特定的工作与职位及相应的绩效而言的，所以胜任力的类别要与工作和职位匹配，既要包括必要的胜任力，也要排斥多余的胜任力；最后，要与绩效匹配，同一职位和工作有不同的绩效要求，要有相应的胜任力等级。所以企业内特定工作职位的员工胜任力模型通常可以体现为一系列不同级别的不同胜任力的组合，类别不是越多越好，级别也不是越高越好。

2. 胜任力的分类

胜任力分类是根据企业所需核心专长和技能（即核心能力）的结构确定员工胜任力的结构。对胜任力进行分类是构建胜任力模型的基础。按照胜任力的要素构成不同，可以把胜任力分为隐性胜任力和显性胜任力。根据企业的实践经验，可按照企业所需的核心专长与技能，将员工胜任力分为通用胜任力、可迁移胜任力、专业胜任力、职位胜任力和团队结构胜任力五类。

（1）通用胜任力。通用胜任力主要是指所有组织成员都应当具备的基本胜任力和行为要素，即那些与企业所处行业、企业文化、企业核心价值观、企业战略等相匹配的胜任力。

（2）可迁移胜任力。可迁移胜任力是指在不同专业类别中都应当具备的胜任力，主要是指领导力和管理胜任力及行为要素，表现为有效发挥计划、组织、领导、控制、创新等管理职能，最大限度地开发与利用人力资源，建立高绩效的工作团队，等等。

（3）专业胜任力。专业胜任力是指员工为完成某一类专业业务活动所必须具备的能力与行为要素。这一类胜任力与工作领域直接相关，通常只要求特定类别职位的任职者具备，或对特定职位任职者有较高要求，这些职位类别包括技术研发类、专业管理类、操作类、营销类等。

（4）职位胜任力。职位胜任力是指员工胜任某一特定职位活动所必须具备的能力与行为要素。它与所从事的具体工作相联系，是在专业胜任力的基础上，体现某职类/职种中具体职位特点的胜任力，更多地强调基于职位要求的胜任力要素的结构化匹配。

（5）团队结构胜任力。团队结构胜任力是指团队成员之间基于合作的前提，需要具备不同质的胜任力，如团队中既需要具备解决冲突能力的成员，也需要善于作出决策的成员，还需要执行力强的成员，等等。它与所在团队的职能与任务直接联系，是面向跨职能、跨部门团队的一群人基于某个特定时期的特殊任务所要求的胜任力。

当然，胜任力的这种分类不是绝对的，在一些企业中某些胜任力既可以划为通用胜任力，也可以划为可迁移胜任力或专业胜任力。在具体划分时，一方面要考虑这些胜任力的普遍性，另一方面要考虑其重要性。

二、胜任力模型在员工培训中发挥的作用

（一）胜任力模型可以增强员工培训的针对性和科学性

基于胜任力模型的培训与开发要对照员工缺乏的能力素质，进行有针对性的个性化培养，从而为培养发展提供依据和导向，提高培养的效率和效果，帮助员工按照岗位要求改进工作行为，增强企业的核心竞争力。

（二）胜任力模型可以增强员工培训与组织绩效的关联度

胜任力模型是带来高绩效的内驱力、个性特质、态度、动机、行为方式和知识技能的集合，是企业高水平业绩的来源，是实现企业战略的重要基础。胜任力模型应用于员工培训体系可以使培训成果及时转化为行为表现的改善，从而在较短的时间内就可以促进员工绩效的提高。通过培训员工不仅仅在较短的时间里掌握了一定的新知识、新技能，更重要的是改变了其价值观和主动性等，使他们的工作表现得到了切实的改善，使绩效水平得到了很大的提高，从而降低了员工培训的成本，提高了员工培训的效用。

（三）胜任力模型应用于员工培训有助于企业培训目标的实现

胜任力模型应用于员工培训体系弥补了传统培训中个性特征方面的空白。由于个性特征的表述形式通常是一些抽象的概念，如领导力、团队精神、自主能力等，因而相对胜任力模型的表层知识技能而言，要对这些潜在素质实施有效的培训难度较大。然而，尽管每一个人的潜在特征在很大程度上不能改变，但是他的行为却可以被改变和指导。胜任力模型不仅定义了良好绩效所必需的胜任力，还提供了行为范例来对其进行说明，从而使培训具有可操作性。

基于胜任力模型的培训与开发系统强调：选拔培训与开发对象的标准包括潜力，而不仅仅是工作绩效；要根据员工的能力和特点进行培训与开发，而不仅仅是根据企业的需要；不仅要重视显性能力的培训与开发，更要重视价值观、角色定位等隐性能力的培训与开发；要有一体化的能力解决方案，而不是无计划、随机地培训与开发；培训的内容要面向未来，而不仅仅是满足目前的需要。

三、胜任力视角下的培训系统的优化

胜任力模型基于工作绩效提出，目的是明确绩效标准；而企业培训的目的是为了提高企业绩效和员工绩效。由此得出结论，胜任力模型构建与企业培训目标导向一致。建立高效的培训系统，应做到以下几个方面：

（一）有效的培训需求分析

培训需求分析实施是否有效关系到培训工作的质量和成效，影响人力资源管理水平的

提升。因此，有效进行培训需求分析就十分必要了。

1. 做好培训需求分析的准备工作

注意日常人力资源原始数据、资料的积累和搜集，如工作绩效、工伤事故、产品质量、废品率、顾客满意度、员工的出缺勤情况、离职率等。还要掌握企业组织机构、企业战略目标、企业处理业务方式、管理者要求、顾客需求、员工行为准则及员工自我评价等方面的信息。

（1）访谈法：通过与被访谈人进行面对面的交谈来获取培训需求的信息。包括集体面谈和个别面谈两种。

（2）问卷调查法：以标准化的问卷形式列出一组问题，要求调查对象就问题进行打分或选择。

（3）观察法：培训者亲自到员工工作岗位上去了解员工的具体情况。

（4）档案资料法：利用组织现有的有关组织发展、职位工作和工作人员的文件资料来综合分析培训需求。

（5）测验法：用一套标准的统计分析量表，对各类人员的技术知识熟练程度、观念、素质等进行评估，根据评估结果，确定培训需求。

（6）关键事件法：关键事件是指那些对组织目标起关键性积极或消极作用的事件。当组织内部或外部发生对员工或客户影响较大的事件时，往往采用关键事件法来搜集培训需求信息。

（7）自我分析法：通过个人对组织有关信息及岗位所需知识、技能、掌握程度来分析和判断自己的培训需要。

（8）集体讨论法：集体讨论法可以标出多样的形式，应根据具体情况选用。

2. 分析培训需求产生原因

企业所处环境具有复杂性和多变性的特点，培训需求产生的原因也是多样的。培训不是万能的，它的有效性取决于多种因素，有时因为环境、设备、管理程序、生产流程的原因，造成绩效不高，便不是培训能解决的。因此，充分分析培训需求产生原因，是培训需求分析有效性提高的关键。产生培训需求的情况有以下几种：

（1）员工工作岗位变动：由于企业战略、工作任务、工作内容会经常发生变化，工作变动了，企业员工岗位也相应变动，为适应新工作，进入良好的工作状态，取得较好的工作成绩，就需要进行培训。

（2）员工各种能力需提升时：企业的业绩停滞不前甚至下滑时，为了提高工作效率和工作业绩，也会产生培训需求。

（3）生产安全要求提高：当企业的生产安全要求提高，对于每一位进入到车间的人员必须佩戴防护服，避免产生灰尘，这个时候可能会产生一些培训需求，如如何穿戴防护服、如何在穿戴防护服的状态下工作等。

（4）企业市场扩张：一个原来只有3个连锁店的企业一下扩张到拥有30个连锁店面，这个时候企业管理者的管理能力和管理水平方面就存在着差距，会产生培训需求。

（5）招聘新员工：这类培训需求最明显的就是要求每一位新员工都能了解企业信息、企业文化等。

（6）增加新业务、新领域：如果原来一个只做电视的企业，现在希望将产品线扩展到DV、平板电脑等领域，会产生相应的培训需求，如行业知识、生产技术等。

（7）解决特定问题：一个生产企业在制造模具的过程中发现无论如何都不能让模具成型，这个时候对于这个工作小组来说，力学、模具材料等方面的知识技能就会成为他们的培训需求。

（8）组织、规章制度变革：公司发布了一个新的绩效考核制度，公司内的员工就希望更准确地了解绩效考核的信息，这个时候就需要人力资源组织各部门进行学习，让大家能够更加清晰地了解这个新制度。

（9）技术革新：企业引进了一套新的设备，这个时候就产生了最直接的培训需求，如何使用这台设备。

（10）企业改进工作绩效：企业需要改进销售流程，重新设计销售渠道时，销售部或者市场部的同事们会产生对于专业化、领先型企业的销售流程、渠道管理等方面的培训需求，以便改进，实现绩效提升。

3. 扩大培训需求分析的参与范围

培训需求分析的参与人员，不仅仅包括培训部门人员，还应有上级部门主管、人力资源管理人员、相关客户、有关项目专家等人士的参与。在实际工作中，上级主管对岗位工作了解比较透彻，也最有发言权。客户与组织有着紧密联系，能深刻体会组织的不足及需要改进的方面，可以从不同角度客观地给予培训建议和信息。

4. 综合分析培训需求

培训的价值就是打造具有竞争力的团队，实现目标业绩，换句话说培训就是要满足组织发展需求的。

（1）了解需求。培训要考虑不同层面的需求，主要包括组织层面、工作任务层面、个人层面。在组织层面都搜集哪些资料呢？一般我们要去了解组织在一定时期内的发展目标、规模扩张或者缩减的一个程度、能够投入的资源情况、重点需要发展的一些部门或者岗位等。

（2）信息分析。培训的需求分析，比如说以下几点：

找问题：找出需求提出部门所需要解决的核心问题是什么；或者找到他们所期待达成的效果是什么。相当于找到病根，所有的药方要据此开药。

定内容：确定和分析哪些是可以通过培训解决的，应从知识、技能、态度的角度去获取，因为培训只能解决这几个方面的问题，其中态度的问题能够解决一部分。

定对象：确定出解决这些问题需要哪些人接受培训和学习；这群人有什么样的特点。

其他信息：还有一些其他信息可以进行分析和获取，如建议的学习方式、学习的时间、地点等。

（3）结果确认。需求分析的最后一步就是"结果确认"，为什么我们需要结果确认呢？因为我们最终希望达到的目的是满足业务的需要，只有在符合了业务需求的情况下才能实现业务结果，所以需求分析的结果必须是要与需求提出方或其上级确定以后才能有效。

（二）职业胜任力培训

作为企业组织成员的职工（包括管理者），要求具备从事自身工作所必需的基本能力，包括责任性、协调性、积极性、自觉性、技术性等能力。多元化现代社会的职业胜任力开发要以员工的"保有能力"为基础，将生产经营的发展与劳动者个人能力的提高相结合，开发职务行为能力和社会生活能力。

1. 培训的主要方法

胜任力培训的主要方法有自我培训、在职培训、教育培训等。

（1）自我培训。自我培训，作为价值观和思维意识多样化的现代社会的能力开发活动，以及作为高龄化社会、技术创新、信息社会背景下的能力开发活动，是极为重要的。自我培训，又与企业文化、风气以及人事劳务管理制度密不可分，如企业领导、管理人员、监督人员积极倡导并身体力行自我培训，就会刺激和带动其他职工的自我培训，以形成全公司良好的氛围。另外必须建立相应的人力资源劳务管理机制，使通过自我培训提高能力和获取的资格证书等在工作中能得到有效发挥，如轮岗制度，升迁制度等。

（2）在职培训。除了自我培训之外，在职培训（OTJ）也是企业员工基本能力开发的重要方法。在职培训是"作为管理者、监督者的上司通过日常工作启发培养职场的部下的行为"，是上级对部下通过工作有计划实施对技能、知识、解决问题的能力以及态度的指导帮助。这种行为是在实际工作过程或管理过程中，设定目标、制订计划、阶段实施所发生的管理行动和监督行为。

（3）教育培训。经营战略的发展必须有人才作为保证，人才的培养离不开教育训练，一般来说企业对员工所期待的能力（或称标准能力）与职员保有能力之差就成为教育训练的必要部分。这里的期待能力是企业对每个职员从事工作的能力水平的要求，既包括现在的水准（能力）要求，也包括将来的水准（能力）要求。而员工的保有能力是指相对于企业的期待能力，职员现在的能力水准，也包括期待将来具备的能力水准。企业对期待水准和保有水准之间的差异就成为能力开发所必要的部分。

2. 开展不同的培训形式

增加对人力资源不断的投资，加强对员工的培训，提升员工素质，使人力资本持续增值，从而持续提升企业的业绩和实现战略规划，已成为企业界的共识。

（1）新员工培训：快速融入。新员工在刚到企业的时候，都有一个过渡期，通常是三个月到半年。这是决定新员工是否快速融入企业的关键时期，他们会决定自己是在公司继续发展还是跳槽。企业的员工队伍结构现状表明，越来越多的年轻员工走上了企业的关键岗位，这些新生代员工群体思想活跃、有想法，是企业的希望和未来，在工作上有一定的见解，公司的可持续发展离不开他们。

（2）岗位培训：增加绩效。通过岗位培训以及后期循序渐进的培训，员工的技能逐步得到提高，工作效率也就提高了。

（3）管理层培训：提升执行力和领导力。管理层的重要性在于执行力和领导力，马云说过：宁要"三流的创意，一流的执行力"，也不要"一流的创意，三流的执行力"。管理层是企业的中坚力量，既要执行老板的决策，又要领导下属员工，完成任务，所以管理层既要有很强的执行力又要具备领导力。

（4）心态激励培训：激发战斗力。有这样一种现象：很多新员工刚进入组织的时候，激情满满，斗志高昂，可过了一段时间后，干劲不足了，主动性没有了，随之而来的是抱怨消极的情绪，这样会给组织带来负面影响，以至影响组织效益。

成功和有效的员工培训和培养系统，不仅提高了企业员工素质，而且满足了员工自我实现的需要，增加了企业凝聚力。

（三）培训成果转化

胜任力培训被导入和开展以后，培训的管理和效果的评价变得十分重要。胜任力培训的管理是与人力资源管理的各项政策密切相关的，不仅仅是对胜任力培训过程的管理，还要建立健全员工技能提高后能够有效发挥的体制。

1. 明确关键人员在培训成果转化中的作用

在培训开始前、培训过程中和培训结束后应该分析关键人员（管理者、培训者、受训者和受训者的同事）在培训中应该做的工作，明确关键人员在培训成果转化中的作用，建立促进培训成果转化的工作环境，克服阻碍培训成果转化的因素。

（1）管理者的作用。管理者应该了解是什么问题导致不良绩效；向培训者强调组织目标并且为受训者建立培训目标；参与制订和评价培训计划；参与培训需求评估，选择受训者并制订培训成果转化计划；建立支持机制等。在培训结束后，管理者应该做的工作是和培训者、受训者的同事一起编写受训者的培训报告；维持支持机制；监控培训计划的进展；成为辅导员或行为榜样；为受训者提供应用新技能的机会；评估受训者的工作业绩；经常进行正面强化，让受训者把工作过程中的错误当成学习机会。

（2）培训者的作用。培训开始前，培训者应该搜集组织和环境的信息，并在设计培训项目时充分考虑这些因素；和管理者、受训者讨论培训需要达到的目标或成果；评定受训者现有的技能和知识水平。

（3）受训者的作用。受训者应该积极参与培训计划或进行培训需求评估分析；完成所要求的任务或培训开始前必需的学习任务；承诺完成学习任务；开始建立支持培训的关系网络。在培训过程中，受训者应该自我管理，明确自己的学习任务，对培训者和管理者的反馈意见做出建设性的改进；为培训成果转化制订实际行动方案：确定保障，获得必需的或额外的自我发展机会；与同事分享培训心得。

（4）同事的作用。受训者的同事应该是要求受训者掌握关键的学习成果，从而与团队成员共享；参与讨论培训需求分析。在培训过程中，受训者的同事应该与受训者保持联系并给予鼓励；帮助减轻受训者的工作量。

2. 通过激励强化受训者的学习动机

激励理论包括过程型和内容型两大类。过程型理论是从个体行为的方向、强度、耐力的角度来研究问题，其中目标设置理论、期望理论对企业培训很有帮助。内容型理论则试图挖掘出那些能够激励人的具体因素，如麦克里兰的需求理论。

（1）运用目标设置理论。目标设置理论认为，具体明确的、需要经过努力才能达到的目标比模糊的目标更能调动人的积极性。在培训过程中，如果目标具体、有挑战性，培训内容和学员的能力、经历相关，并能根据学员任务完成情况提供反馈，那么教学效果就能够得到保证。

（2）运用期望理论。弗鲁姆提出的期望理论认为个体的行为动力和人的预期密切相关。在营造培训环境的过程中，培训师可以向受训人员重点说明培训以后能够得到的好处，帮助受训人员建立起付出努力到取得成绩、取得成绩到获得奖励之间的依存关系，那么受训人员的学习动机就会变得强烈。

（3）运用需求理论。需求理论认为如果一个人的主要需求得到满足，那么他的动机和积极性就会被激发出来。

（4）将教学活动与学习目标和成果相联系。教学心理学认为，保存学习内容的关键是将教学过程中的具体事件和学习过程、学习成果进行有机的结合，赋予学习过程中的每项活动以意义。

四、基于胜任力的培训应注意的问题

基于胜任力模型对员工培训过程进行分析，可以为员工和组织提高分析自身的标准，从胜任力模型中各个因素的角度出发，制订出真正有用的培训计划，弥补自身的不足，有的放矢地进行培训，开发员工的潜力，从而提高培训的效果。胜任力模型对整个培训过程的应用，有助于企业对员工进行有效而又具针对性的培训，为提高员工专业知识、技能以及岗位胜任力等奠定良好的基础。

将胜任力素质模型应用于员工培训对于提高企业竞争力，进行企业组织重组起了重要作用。但胜任力模型在我国研究较晚，在企业中的应用也尚处在起步阶段。所以，在实施过程中应该注意以下问题：

（1）基于胜任力模型的培训并不适合所有的企业。胜任素质模型所用到的行为事件访谈、建模等方法，对操作者自身要求比较高。同时需要大量的资金支持，所以对实力相对较弱的企业而言，应慎重使用胜任力模型进行员工培训。

（2）注重深层员工胜任能力的培训与开发。相对于员工的技能、知识等表层胜任能力的培训与开发而言，培训与开发员工深层的忠诚感、责任感，是令员工取得高绩效的重要原因。

（3）基于胜任力模型的培训是一个动态的、长期的过程，应随着企业内外部环境的变化，指导员工培训内容、课程、方式等的转变，应将培训效果及时反馈，及时修正，便于工作展开。

第三节 企业的核心人才管理系统

人才是企业的第一资本。国际竞争，说到底是综合国力的竞争，关键是科学技术的竞争，科学技术的竞争实质是人才的竞争。随着社会主义现代化建设的不断发展，科技的不断进步，市场竞争愈来愈激烈，企业对人才素质的要求也愈来愈高，市场经济的竞争最终体现在人才的角逐上。谁拥有一支高素质的人才队伍，谁就有了成功的基础。

一、人才管理概述

现代企业管理的重点从对物的管理转到对人的管理是企业创新管理的一个重要趋势，人既是管理的手段，又是管理的内容；既是管理的对象和客体，又是管理的主体和动力。现代企业管理的创新，科学管理体制的创立，归根到底要靠一大批搞活大中型企业的将才、帅才来实现。因此，加强人才管理是企业管理创新的核心。

（一）人才管理含义

人才管理这一概念是出现于 20 世纪 90 年代，许多企业用来招募、发展和保留人才，通过人才来驱动公司的业绩。人才管理是发挥员工价值的一套流程，人才管理的定义的核心议题就变成了"吸引、聘任、培养和保留人才"。

人才管理的目的是创造良好的外部条件，调动人才的内在因素，最大限度地发挥人的才能，充分开发人才的潜在能力，力求使"人尽其才，才尽其用"。人才管理是人才效能、人才实力的重要影响因素，是人才开发的必要条件。

（二）人才管理对管理实践的影响

1. 对人力资源管理理念的影响

人才，即企业的核心人力资源。要想实现对核心人力资源的有效管理，人力资源管理必须贯彻以下理念：

（1）绩效的"二八原则"，即公司 80% 的绩效是由公司 20% 左右的核心员工创造的，因而在绩效考核的时候要注重核心员工的战略性贡献。

（2）对核心人员的管理是企业的战略性管理。企业的可持续发展最终取决于企业的核心员工，因而对核心员工管理就是企业的战略性管理。

（3）坚持公平、公正的原则，切忌"特殊化"。这里所说的公平、公正主要是指企业规则、规章制度适用的公平、公正，员工之间人格的公平、公正。对核心员工的管理是在上述公平、公正原则基础上的，否则一旦失去这个基础，企业内部就会出现不公平感，内耗增大，企业的管理不可能有效率。

2. 对人力资源规划的影响

传统人力资源规划主要包括三大方面：数量规划、素质规划、结构规划。基于人才的人力资源管理要求人力资源规划必须以企业核心人力资源的实现为基础与核心，具体而言就是：

（1）识别企业的核心能力与核心人力资源。

（2）盘点企业当前核心人力资源状况。

（3）根据企业战略明确未来核心人力资源需求，并确定缺口。

（4）在上述基础上，以满足企业核心人力资源缺口为核心来开展企业人力资源规划。

3. 对绩效设计的影响

对绩效考核的影响主要体现在以下两个方面：

（1）在考核指标的选取上注重与企业战略高度相关的指标，突出核心员工对企业的战略性价值贡献。

（2）在考核结果的应用上，注重绩效反馈，查找绩效不良的原因，其根本目的在于提升员工的能力。

4. 对薪酬设计的影响

（1）重视外部薪酬调查，确保核心员工工资具有外部竞争力。核心员工是企业的战略性资源，因而在薪酬设计方面必须确保其外部竞争力，避免核心员工流失。

（2）薪酬设计要体现为知识、能力、经验付酬。知识、能力、经验等是核心员工的共同特征，在薪酬体系设计中要突出对核心员工的重视。

（3）配套措施，如股权激励、高级福利等，要从多角度、多种方式出发，确保有效留住企业的核心员工。

5. 对培训的影响

企业的核心能力不是一成不变的，要想长久保有企业的核心优势，必须通过不断地培训以提升核心员工的能力，主要通过以下两个途径展开：持续的在岗培训和基于公司业务特点的特殊培训。

二、核心人才的界定

在了解核心人才之前，得先了解企业的核心能力。

（一）核心能力

企业的核心能力是能给消费者带来特殊利益和价值的一系列知识、技术和技能的组合。因此，要培育核心能力，就要将整合企业内部的知识与提高企业为客户创造价值的能力相结合。在此基础上，针对不同类型的人力资源。可开发分层、分类的人力资源管理系统，通过三种机制来实现对企业核心能力的支撑。

(1) 通过形成人力资本、社会资本和组织资本的存量来支撑企业的核心能力，即通过战略人力资源管理实践，可以使企业内部人员与系统有机整合，从而促进企业内部核心人力资本的形成，并结合企业的社会资本和组织资本，共同形成具有价值有效性、稀缺性、难以模仿性和组织化特征的智力资本，最终支撑企业的核心、能力和竞争优势。

(2) 通过促进企业内部的知识流动来支撑企业内部的知识管理，从而支撑企业的核心能力，即通过上述分层分类的战略人力资源管理实践，可以促进企业内部的知识管理。

(3) 通过战略能力的变革来支撑企业的核心能力，即通过战略人力资源管理实践提升企业适应市场变革和创造市场变革的运作能力，进而提升企业知识系统把握市场机会、为消费者创造价值的能力，从而对企业核心能力给予支持。

上述三个方面存在的内在关系：学习与创新、适应市场的战略能力是形成企业核心能力的两个支柱，这两个支柱又是通过人力资本、社会资本和组织资本的整合而形成的。

（二）人力资源的分类

一个企业的人力资源可以根据价值与稀缺性两个维度划分成四大类，其中有一类是核心人力资源。核心人力资源一般占企业人力资源的 20% 左右，是企业知识管理的重心，是形成企业核心能力的关键要素。核心人力资源具有高价值性，直接与核心能力相关；是独一无二的，掌握了公司特殊的知识和技能；主要从事知识工作；以责任为基础的人力资源管理系统。

人力资源的管理体系对不同的人力资源应该有不同的管理方法，具体而言，对核心人力资源应该采取基于承诺的人力资源管理方法，对于必备型人力资源应该采取基于效率的人力资源管理体系，对于辅助的人力资源应该采取基于服从的人力资源管理体系，而对于特质的人力资源应该采取合作的人力资源管理体系。四种不同的管理方法，可概括为承诺、效率、服从与合作。进一步而言，基于承诺的人力资源管理体系，其基本含义是对核心才管理注重以人为中心。上述即是分层、分类的人力资源管理理念。

三、人才的期望

高绩效是管理者想要寻找的东西。那么什么是人才想要的东西？

对于有创造力的人才，他们渴望反馈，需要时间去思考，更需要专业的教练帮助他们发展需要的能力，他们的学习往往带有一定的目的性。

在设计一个人才发展的战略时，应该侧重于：精确分析现在的人才，以及才干基准与期望才干之间的差距；基于基准的胜任力模型，建立所有职位的人才标准，以及识别和开发人才的方法；盘点目前提供给员工的学习和发展机会；针对发展期的人才，为其设计发展计划；为有才干的员工寻找机会；针对专家职位和领导职位，在企业内建立一套员工继任的方法和标准；确定需要继任计划的关键职位；建立一套跟踪人才以及识别某一职位继任者的流程。

四、企业应对核心人才的策略

（一）优化人才配置

所谓优化配置，简单来说是让合适的人在合适的岗位上有效工作。为求得人与事的优化组合，人员配备应遵循因事择人、因才使用、动态平衡的原则，做到用当其长，发挥最佳才能；用当其位，放在最佳位置；用当其时，珍惜最佳时期。一方面，根据岗位的要求，选择具备相应的知识与能力的人员到合适的岗位，以使工作卓有成效地完成；另一方面，要根据人的不同特点来安排工作，以使人的潜能得到最充分的发挥。简言之，人才资源配置力图同时使工作的效率、人才资源开发、个人满意度这三个变量都得到最大限度的匹配。

1. 人才与企业的匹配

企业通过提高与人才资源的匹配度，有效地挖掘潜力，提高人才资源使用效率。

2. 完善配置机制

人才配置应晋升最优秀的人才，给予他们发展机会，同时淘汰表现差的干部。因此，人员配置一般有人员的晋升、淘汰与轮换三种重要影响的机制，三者并行，可帮助提高企业人才队伍的整体能力素质水平。但是，如果一个环节出现问题。做得不好，将会影响全局。

（二）挖掘高潜能人才

现在企业要获得成功，不仅要求企业中所有员工有适应不同环境的能力，而且要有极强的主动性。企业相当重视人才的挖掘与培养，老板们非常乐意在那些有能力引领企业迈向未来的人才身上投入更多关注与精力。

1. 高潜能人才界定

对高潜能人才的界定，不同企业的定义或有不同，有些甚至没有正式区分高潜能人才和普通员工，研究显示，企业往往采用以下标准选出最优秀的3%~5%的人才：在各种场合和环境中的表现，总是显著地优于同事；在取得优异表现的同时，他们的行为也堪称典范，体现了公司文化和价值观；他们显示出在公司职业道路上成长、发展并取得成功的卓越能力，且比他们的同事成长得更快、更强。

2. 高潜能人才的特质

第一个特质是自信和自我意识。他们能否挑战更高的目标？他们是否了解自己的强项和弱项？他们通过建立新项目来挑战自己，尽管阻碍很多，但是能在挑战中获得成长。

第二个特质是能够客观地评价他人的强项和弱项。领导人才应该避免快速判断他人并迅速作出反应。要想善于挑选合适的人选为其工作，就要做到并不急于对他人作出判断。相反，要花时间来判断他人的强项和弱项，及如何与自己和团队进行互补。

第三个特质是情绪韧性，能够通过公平的方式来应对高压的环境。每天长时间工作，但是确保自己不在新环境里产生挫败感，这里的关键是能够平衡和坚持。高潜质的人才最起码需要三个特质中的两个来使自己持续、积极地获得绩效。

3. 高潜能人才取决于内在素质

作为企业的一员，你所做的一切都无可挑剔，创造了价值，早早取得了良好的成绩；面对日益复杂的诸多挑战，掌握了新的知识和技能；恪守公司的文化和价值观；自信溢于言表，也赢得了他人的尊敬。或许，还经常一周工作 50 小时，并且获得极高的评价。

尽管如此，你未必就能被列为高潜能人才。因为真正让高潜能人才拥有的与众不同的特质，它们看不见、摸不着，也不会出现在领导能力清单或绩效评估表格中。这些特质能起到画龙点睛的作用，帮助你取得并保持令人欣羡的高潜能人才地位。

4. 人才潜能评估

企业应从三个方面来评估每一位人才的能力或素质：心智敏锐度、人际敏锐度、变革敏锐度和结果敏锐度，上述四大评估项是方向性的，过于抽象和笼统，在实际运用中并不具备可操作性。比如，面对一位优秀的人才，企业究竟应该如何衡量该人才是否具备符合企业要求的职业价值观、岗位胜任能力和适应变化的潜力呢？可能 100 个人会有 100 种观点或意见。这意味着，如何分析、判断人才才是企业应该努力的方向。

5. 如何成为高潜能人才

（1）要成为高潜能人才，需要具备三大要素。①表现优异并且踏实可靠。实现业绩目标很重要，但这还不够。如果你的表现并不出色，或者你的成绩是以牺牲他人为代价的，那你永远进不了高潜能人才名单。②掌握新型专业知识。职业生涯初期，要获得关注，就必须具备职位所要求的专业知识与技术。随着资历的提升，还需要不断拓展自己的知识领域。③注意自己的行为。虽然你的业绩能为你在职业生涯早期赢得关注并获得晋升，但你的行为才是让你保持高潜能人才地位的关键。杰出的技能始终很重要，但随着职位的提升，人们期待你在接触面更广的角色上表现卓越，这时杰出的技能就只是一个基本条件。要成为令人欣羡的高潜能人才，你必须完成从"胜任/从属"到"楷模/导师"的转变。

（2）高潜能人才的成长和阻碍因素。①成长因素：多视角，代表了跨领域思考的能力，能够从不同的角度去看待问题，能够更深层次地去思考问题而不是简单地就事论事，对于未来的企业领军人物，跨领域思考的能力尤其重要'好奇心，代表自我学习的能力。

渴望通过不断的学习来加强自我的发展。②阻碍因素。成长的阻碍因素分为个人因素和组织因素，个人因素目光短浅，过于关注目前的结果或技术专长，总是自认为自己比他人聪明。不能够耐心和正确地聆听他人的思想和见解。缺少自我控制，情绪低落，易怒和自我为中心等。③组织因素。只看绩效，对错误视而不见，放任主义的政策错误。

（3）发展自己与众不同的特质。高潜质人才的特质不仅体现在领导力模型中，还可以提高自己发展这些特质的成功率。

第一步便是了解自己哪些方面存在不足。例如，如果你发现自己总是被各种事情搞得措手不及，那可能是因为你的感知力不够敏锐。有些人适应环境的能力就是比别人强，但是你也可以学着采取一些简单的措施来提升自己的敏锐度。

第二步是改变。学习，却不改变自身行为，就是浪费机遇。培养积极性或进取精神不是件容易的事，但是通过反省，你能变得更积极主动或愿意多承担一点风险。这些都表明你很有必要在自省上面投入一些时间和精力。进入高潜能人才名单可以带来重要的发展机遇，获得这一地位的回报非常可观。当然，要记住：业绩永远重要；随着职位的提升，你的行为变得越来越重要。

（三）培养核心人才

企业要培养核心人才，必须建立核心人才培育机制。使人才成为企业核心竞争力最重要的手段。核心人才队伍培养不是一朝一夕之事，是一个长期、系统的工程，需要一套完善的机制来保证。麦当劳要求员工脚踏实地从头做起，其建立了较完备的快速晋升制度、工资调整制度和预先培养接替者制度等机制，把一个普通毕业生培养成为成熟的管理者。

1. 核心人才培养四要素

核心人才的培养要注意四个要素：

（1）多元培育。核心人才是企业的骨干力量，必须注重才华的专业性和能力综合性兼具。因此，多元化培育方式能提高核心人才的综合能力，高等院校、科研院所、企业都是多元培育核心人才的主体，多元培育的方式有：内部导师制、内部岗位轮换、内部技能比武及送出去的方式（如出国深造、高校进修、短期封闭训练等）。

（2）完善计划。根据企业经营所需，对核心人才的培育要建立详细的培育计划。列明培育的重点、方向、内容、对象、培育方式、激励方式、效果评估，确保核心人才的培养有章可循。

（3）资源投入。企业核心人才队伍建设培养是企业投资回报率最高的项目，需要企业持续投入。因此，有必要建立相关制度保障机制，确保资源投入持续性。像联想、海尔、华为等国内一流企业都在企业培训计划中明确了核心人才培养经费。

（4）体系保障。要使企业核心人才能力不断提升，人才队伍保持梯级发展，必须建立培养体系。要建立四大机制：核心人才评价机制、培养机制、激励机制、使用机制。使企业内部形成核心人才你追我赶，百花齐放，互帮、互学、互励的良好正向局面。

2. 核心人才培养步骤

企业核心人才的培养，必须有丰富的培养方法和手段，确保培养出人才、出成果、出经验、出手册。要做好核心人才培养"三步曲"：

（1）第一步：明目标。核心人才培养工作要落到实处，必须构建明确的培养目标，这才使得人才培养有方向、有重点、有规划。百事可乐的领导人培养计划在全球都是做得非常好的，善于带动部属和员工；为人正派、言行一致；注重公司长远利益和结果；热爱学习并在工作中常有创新。正因为百事可乐有着明确的领导人培养目标和标准，使得在培训计划的实施时，能有的放矢，一切围绕目标建立培养计划。

（2）第二步：多方式。培养核心人才一定是多角度、多元化的培养。他不同于新员工进到企业时的入职培训。培养核心人才的手段多种多样，既有个性化的培养，也有多元化的培养，要相互结合起来做。①个性化培养。核心人才与普通员工培训的主要区别在于个性化和多样化，个性化的培养是针对个别核心人才的特征、能力、岗位要求采用个性化的方式、建立个人职业发展计划。②多元化培养。建立核心人才培养多元模式，如岗位轮换、导师制、阶梯式、开放式等培养方法，不断培养与提高核心人才的素质。三是训练搭班子、协调作战的能力。联想柳传志认为领导班子是企业的核心堡垒，强调年轻人训练搭班子、协调作战的能力，每年都评选优秀团队、优秀干部。四是激励。联想不否定物质是人才激励的内容之一，但它不是激励的全部。联想注重物质与精神激励的平衡统一，尤其注重核心人才事业、理想和目标的培养。

（3）第三步：重激励。核心人才的培养，目的是为企业创造核心价值，更要使核心人才能持续为企业服务。必须要系统构建核心人才激励体系，以最大限度留住核心人才。核心人才的激励不能用普通的激励方式，必须采用非常规的激励手段，如事业激励、名誉激励、股权激励等方式。

（四）激励核心人才

过去，薪酬工作的重心围绕着金钱的激励展开，包括基本薪资、短期和长期的浮动报酬、一些健康保障费用和安全保障费用，如健康保险、人身保险、储蓄和养老计划、利润共享计划。随着非现金激励价值的增强，加上人力市场的竞争越来越激烈，企业越来越普遍地在给员工的"整体激励"中加入非现金激励因素。

1. 实现整体激励

"整体激励"的概念已经超越了这些有形因素，它还包含无形的因素，这些因素更难被看到、难以触摸，但它对员工的敬业度和满意度有非常真实的影响，有助于吸引和保留关键员工。激励的操作定义是"组织所提供的、员工认为对自己有价值的任何东西"。因此，本着激励核心人才的精神，必须注意利用所有可用方式来将你所能提供的和你想传递的信息尽可能地展现出来。

2. 促使员工具有高敬业度

不论是在经济繁荣时期或经济萧条时期，保留核心人才都是一件非常重要的事情。因为他们对于企业成功和保持竞争优势都很重要。很多企业都会最先到薪酬中寻找答案。尽管更高薪水的诱惑可能会让员工离开企业的决心更坚定，但通常来讲，对工资的不满并不是导致员工考虑跳槽的原因。为了留住和激励人才，企业应该致力于增强员工的敬业度，并完善相关体系，为员工的成功提供更好的支持。

针对能够促进员工产生高敬业度的工作特点，不难发现尽管在行业之间、企业之间有一些不同之处，但在高敬业度的工作环境方面仍然表现出一些共同点。

（1）清晰且有前途的愿景。确保员工清楚企业愿景的实际含义，才能有效执行。

（2）对管理层的信心。坚信企业愿景对培养员工的高敬业度的重要性。同样，确保员工相信高层有能力来把好方向、落实执行战略目标是关键的。

（3）关注品质和客户。向员工证明企业以客户为中心、注重提供高品质的产品和服务，并且乐于引进新观念改善薪酬，这对建立员工的信心是关键的，员工会对企业的愿景和未来市场地位树立信心。

（4）尊重和认同。员工敬业度意味着和员工采取一种新的雇佣协议。企业耗资创造条件让工作更有意义，并奖励员工。作为回报，员工在他们的工作上倾注自发的努力，产出优秀的绩效。企业需要与员工达成互惠的约定而不是仅仅把员工当作生产资料，如此员工才能对企业目标产生个人兴趣。

（5）发展机会。员工越来越多地意识到，他们有责任管理自己的职业生涯，而且他们的未来有赖于自身技能的不断提升。如果员工不扩展他们的能力和素质，不论是在当前服务的企业还是在其他地方，他们都将面临职业竞争力打折的风险。所以，成长和发展的机会是预测员工敬业度的最稳定的指标之一。

（6）薪资和福利。当今企业的经营收益越来越差，员工也被要求少花钱多办事。在高工作负荷的环境下，员工通常会对薪资收益变得很敏感。员工深刻认识到自己所做的贡献，他们倾向于向企业施压，要求平衡付出和收益。在这种情景下，有一点比以往任何时候都更重要，那就是企业需要让员工了解到，薪酬系统能够充分地考虑到他们的努力成果。澄清薪资系统对内和对外的公平性对于建立员工信心是很重要的，他们会相信自己对企业的付出和投入获得了合理的回报。

3. 应用长期激励留住核心人才

为了吸引和留任核心人才，企业必须了解他们的需求，提供适当的激励组合来保证这些绩优人员受到企业的重视并使其对企业忠诚。在这个过程中，给关键人才提供适当的经济激励是必不可少的组成部分。如果设计合理，长期激励能在促进留任和提升核心人员对所处企业的兴趣方面发挥重大作用。

（1）未来的前景。明确有形的报酬，如薪资和福利，经常可以吸引高绩效员工加入企业。一些无形的报酬，却往往能促使优秀员工敬业并在企业内留任，如企业高管的才干以及通过诸如密切关注员工福利、不断增加的晋升机会和企业文化来激发员工忠诚度的能力。

核心人才与其他员工这两个群体在被什么吸引和激励方面存在一些有意思的差异：①与其他员工相比，核心人才对工作环境更加认同，特别是称赞企业的绩效管理实践、企业开放程度及与管理者的双向沟通。②相反，核心员工比其他人对企业的竞争力、创新和应对市场变化的行动能力方面有更多的批判和质疑。③和其他员工一样，核心人才期望有强有力的领导，以及可充分利用的职业发展机会。除此之外，核心人才还需要参与到企业的愿景、价值和战略，这样他们才能被完全吸引。确保这些员工认同（并被引导）企业的价值，对于保持他们长期处于忠诚状态是非常重要的。④处于离职风险中的核心员工可能有一系列原因让他们失望和挫败，其中包括缺乏赞扬、奖励及管理者在区分重点、快速行动、设定明确目标上的无能。除了晋升和奖赏机会，核心员工还需要得到针对企业发展重心和战略进行的清晰的沟通。

有离职风险的员工普遍存在对奖励的不满意，不仅仅局限于核心人才。当然，这也为长期激励作用的研讨提供了重要的背景信息。处于最高的留任风险中的核心人才对激励机会的认同显著地低于其他的高绩效员工（如那些没有打算离开当前企业的员工）。

（2）长期激励的类型和作用。长期激励为人们提供了一个机会来认识在较长的时间段内由特定的绩效所带来的经济效益。长期激励已经在美国盛行了数十年，但是最初的长期激励主要关注高级管理者。这些激励计划设计的目的在于，让员工的绩效和报酬与长期商业目标和最终的商业结果相对应。设计的另一项重要的出发点是，这些报酬计划可以被用于提升高级管理者和其他核心员工的留任，随着长期激励计划的演变，它们不再被仅仅用于高层管理人员，也提供给比较低层级的高绩效员工和核心员工。在互联网时代，愈来愈多的企业，特别是在技术产业领域，提供股票期权作为对广大员工的长期激励，它将员工和股东的利益结合在一起，并在竞争激烈的人才市场中提高企业吸引和留任稀缺人才的能力。然而近些年，面向更广泛群体的期权计划的趋势在很大程度上被颠覆，因为激励方式开始向各有所好的方向转变。

不同的企业采用不同的长期激励方式来达到各种目的。基本的长期激励类别有股票期权、限制股股份和长期绩效计划。

第一，股票期权。股票期权是一种奖励，它提供员工可以有权利在指定时期内以预先设定的价格定额购买股票。而预设的价格最常用的是授予期权买卖特权时的股票价格。为了确保着眼于长期，期权一般经过 3~4 年才可兑现。股票期权的价值取决于企业股票在期权期限内的价格评估，这个期限一般是 10 年。股票期权的价值体现为股票市场价与预设价的差值。

企业长期以来都用股票期权来激励为股东创造价值的员工——他们的贡献将驱使企业的股票价格上升。股票期权对年轻的快速成长型的企业尤其有效，同时在股票市场的上升期也是一个有效的激励工具。但它们可能对成熟型企业吸引、留任核心绩效人才的价值不会很明显，尤其在股票市场动荡期。

第二，限制股股份。限制股股份是一种奖励，它授予员工真正的股份（或代表股份的物质），这些股份在一定的期限内是受到限制的。股份接受者在企业中的工作年限必须满足授予期限才能获得股份奖励。当限制期结束，一般是 3~5 年，股份接受者可以获得全部股份。即使那些股份是受限制的，股份接受者通常也拥有投票和分红的权利。

限制股股份主要被用于留任，通常不会带来预测性的绩效条款。然而，限制股股份越来越多地被用作一种针对企业底层高绩效员工的激励机制，它提供了一种平等的激励，表达了企业对这些员工的努力和成就的认同。这相应地鼓励了员工继续为企业服务。

近年来，随着企业对期权的依赖下降，限制股股份应用得越来越多。它不像期权，即使接受者仍然留在企业也可能会变得一文不值，限制股股份永远是"赚钱的"。即使股份价值下跌，他们仍然可以有一定的货币价值，除非这个企业破产。

第三，绩效计划。绩效计划也是一种激励手段，它根据特定的企业目标在规定的绩效周期内的实现程度而定，这个周期一般是 3 年或更长。大部分企业每年都使用绩效计划作为新的年度奖励周期，这种计划参与者支付股份、股份单元或者现金，激励的水平通常和企业或业务单元相对于既定目标的绩效相挂钩。

绩效计划的目的是激励管理者和其他高绩效并对企业（业务单元）的成功有关键作用的人。绩效的高低是根据员工的成就水平和绩效标准相比较得到的。绩效标准包括业务上的测量（如销售额或收益的增长）到财务上的测量（如投资回报、毛收益），绩效计划的关注点在于长期商业目标的实现。

由于绩效计划按照企业长期目标的实现状况来确定实际给予参与者的激励等级，所以在推进"按业绩付酬"方面相当有效。有两点对于绩效计划的成功是关键的：绩效计划的核心在于获得这些奖励的员工要清楚地理解面临的目标是什么，以及必须达到什么样的成就水平；员工必须明确他们在实现既定目标中的作用。在绩效计划的衡量指标和如何根据指标产生绩效之间，绩效计划的参与者要有一个清晰的视角。

如果沟通得当，绩效计划将有效地将绩效和薪水联系起来。如果沟通不力，绩效计划可能会让参与者迷惑，心烦意乱，因而阻碍他们关注企业的核心商业目标。

第四，企业与人才互惠双赢。驾驭绩效的关键在于识别核心人才。从更具引导力的视角，针对真正对企业至关重要的人所具备的特点，采用基于研究的素质测评和模型构建，将是一种有用的方法。可以把测评看作另一种奖励核心人才的方式。很明显，不是每一个企业都能提供，当然也不是每个人都能获得这样的机会，对他 / 她的技能和发展需要进行一次专业的测评。

第六章　管理心理学在人力资源管理中运用的创新

第一节　人力资源的组织心理管理

一、组织概述

管理心理学家巴纳德（C.I.Barnard）认为："组织是一个有意识地协调二人以上的活动或理论的合作体系。"孟尼（T.D.Mooney）和雷利（A.C.Reiley）认为："组织是为达成共同目的的人所组合的形式。一个组织群体，如果想有效地达成其目标，就必须在协调合作的原则下，各人做各人不同的事。"可见组织是一个群体，但又不同于一般的群体，它是为完成共同的目的而结合的活动单位。组织的任务是：规定每个人的责任；规定各成员之间的关系；调动组织内的每一个成员的积极性。

（一）组织的概念

随着组织的发展，人们对组织的认识不断变化，组织的概念也在不断充实。这里，我们通过对传统和现代组织的比较，可以较深入地理解组织的含义。

1. 传统的组织概念

传统的看法认为，组织是为了达到特定的共同目标，经由各部门分工合作和不同层次的权力和责任制度，而合理地协调一群人的活动。这个定义包括如下含义：

组织有一个共同的目标。人们为了达到特定的目标而协同活动，没有共同的目标，组织就是一盘散沙。

组织包括不同层次的分工合作，而劳动的分工，又需有不同的权力和责任制度来加以保证。组织的目标是个体单独所无法达到的，组织的效率也是单一手工业生产无法比拟的。组织要达到这样的目标和生产效率，就必须分工合作。而且像一个企业，要有厂长、车间主任、科室干部和班组长，组织的一个重要特征就是组织是一个有上下层次的结构。

组织的功能在于协调人们为达到共同目标而进行的活动，包括各组织层次内部和各层次之间的协调。要协调人们的活动，就需要统一所有成员的思想、意志，调动各层次的积极性。

上述组织定义，指出了组织的最一般特征，由于它着重于从组织的内部来说明组织的特征，实质上把组织看成与外界隔绝的封闭系统。因此，这种传统的定义不能全面地解释复杂多变的环境中的组织。

2. 现代的组织概念

现代的组织概念，把组织看成开放的社会技术系统。这个定义包括下述三种含义：

第一，组织是一个开放的系统，组织不断地与外部环境进行材料、能源和信息的交换，不断改革和发展。

第二，组织是一个社会技术系统，既包括结构和技术的方面，也包括心理、社会和管理的方面。

第三，组织是一个整合的系统，组织建立在其各子系统的相互依存之上，也离不开与环境的相互作用，因此组织整合了各子系统及其与环境的关系组织好比一个人要恰当地协调与整合身体各部分，使所投入的人力、物力和财力得以有效而经济的转变为产品。

任何组织，都必须具有以下四方面的共同特征：

（1）共同目标

组织必须有一个共同的组织目标，目标是组织存在的前提和基础。人们是为了实现共同目标、完成共同任务而结合在一起的，如果没有共同的组织目标，就不会有人们的协调活动，也就不是真正意义上的组织。

（2）分工与协作

分工与协作是由组织目标决定的。组织目标单靠个人是无法实现的，必须由有许多部门或团体，这些部门或团体分别从事一种或几种特定的工作，并相互配合，这就是分工与协作。由于分工与协作的存在，组织中就出现了组织成员的角色体系，而各个角色体系之间既分工又协作，这不但是组织得以存在的基础，更是提高工作效率的根本保证。

（3）权力与责任

组织内的分工与协作依靠一定的权力与责任制度才能得以实现。也就是说，组织内部必须有分工，而在分工之后，就要赋予各部门及每个人相应的权力，以便于实现目标。但在赋予权力的同时，也必须明确每个部门、每个人的责任。有责任而没有权力，无法保证任务的完成；有权力而没有责任，就会导致权力的滥用。这都会影响组织目标的实现。可以这样说，组织在一定程度上来说，就是职、权、责三位一体的完整体系。

（4）与环境的联系

组织并不是一个孤立的存在，而是一个开放的社会技术系统，它需要和外部环境进行各种材料、能源和信息的交换，从而使组织不断地变革与发展。例如，一个企业若没有顾客、供应商、竞争者及其他相关因素的作用，便不能存在。组织依靠环境获得赖以生存的资源和发展机遇，组织的产出、服务、为环境所接受的程度是限制组织活动的边界条件。组织活动的效率受制于环境条件的优劣。因此，组织活动必须适应环境的需要。许多组织失败的原因在于不能适应环境。

综上所述，我们认为，组织是为实现某一共同目标，在分工与协作基础上构成的人群集合系统。

（二）组织的类型

1. 按组织目标和社会职能分类

政治组织、军事组织、经济组织、教育组织、宣传组织、卫生组织、学术组织、行政组织、文体组织等。

2. 按组织性质分类

（1）正式组织

正式组织的组织结构、成员的权利与义务，均由管理部门规定，其活动必须服从企业的规章制度和组织纪律。正式组织内的个人是可以替换的，不重视个人的独特性。

（2）非正式组织

非正式组织是未经管理部门规定的、自发形成的，是以感情为基础的无形组织。非正式组织的基本功能是满足成员的心理需要。

3. 按控制手段

（1）强制型组织

这类组织主要以强制性的权力为手段控制其成员。如执法机构、监护性精神病院等组织。

（2）功利型组织

这类组织在行使合法权利的同时，把经济报酬和各种奖励作为控制手段，组织成员是以贡献大小作为获得某种利益的基础。如工商企业、农场等组织。

（3）规范型组织

这类组织以方针政策、法律制度、道德规范等作为控制手段，利用内在价值的奖励，权威是建立在业务专长基础之上的。如学校、医院、科研部门、专业协会以及政治性和社会性的各种团体等组织。

（三）组织的功能

组织普遍地存在于我们的生活之中，并以多种多样的方式改变我们的生活。合理而有效的组织在现代管理中发挥越来越重要的作用。

1. 组织的社会功能

组织源于人类的生产与社会实践。在长期的实践活动中，为了实现一定的目标，人们与他人发展协作关系，创造群体合力，并不断优化这种关系以提高群体效能，而组织正是人们为满足或实现这种需要而努力的结果。在现代生活中，组织已成为社会的基本单元，其影响已渗入到社会领域的方方面面，它凝聚了个体的智慧，形成了推动社会进步与发展的一股力量。

2. 组织的管理功能

一方面，组织负有协助政府对人们进行管理的职能，各级各类组织本身就是政府管理公民的重要途径或工具。组织是联系个人和社会的桥梁和纽带正是通过一个个组织，人们的生活才变得井然有序，社会才得以安定。另一方面，组织自身的目标也要靠组织来实现。组织既是各种管理活动展开的舞台或背景，又是实施和推行管理措施的主体或依托。

3. 组织的个人功能

人们为生存与发展所奋斗争取的一切都同他们的利益相关需要是一切历史发展的前提。在微观管理、心理领域，需要也就成了人们行为的基础。人们正是带着各种各样的需要参加到组织中来的。一个合理有效的组织可以通过各种方式来满足人们的不同需要。例如，通过工资、奖金、福利等来满足人们的基本生活需要；通过组织沟通、人际交流等来满足人们的社会交往、归属、尊重等心理需求；通过分配挑战性的工作任务、激发个体的潜能、充分展示个人的聪明才智等来满足人们的成就感和自我实现的需要。组织能够满足个体的需要，容易使个体产生对组织的依赖感，而这种依赖感对组织增强凝聚力、提高工作满意度、实现目标等都具有积极作用。

4. 组织和管理

所谓管理，就是在特定的环境下，对组织所拥有的资源进行有效的计划、组织、激励、领导和控制，以达到既定组织目标的过程。组织活动可分为基本的两大类：直接导致组织目标完成的作业活动和确保作业活动有效进行的管理活动。由此可见，管理工作是独立进行的、有别于作业工作又为作业工作提供服务的活动，是保证组织正常运行、发展以实现组织目标的手段。二者有密不可分的关系。

（1）任何组织都需要管理。小至家庭，大到国家，所有组织都是由具有共同目标的人组成的集合，而各个人的观念、志趣、经验、能力不尽相同，矛盾在所难免。因此，组织成员之间的协调是组织存在并正常运行的前提，也是管理的基本内容之一。仅此一点，就足以说明，管理是任何组织都不可或缺的。

（2）管理的目标是保证组织目标的实现。管理是任何组织不可缺少的，但绝不是独立存在的。管理不具有自己的目标，不能为管理而进行管理，管理的终极目的只是保证作业活动的有效进行，为实现组织目标服务。

（3）管理工作的效果通过组织效率和组织效能来衡量。管理要通过综合运用组织中的各种资源来实现组织的目标。在组织活动中，管理负责把资源转化为成果，将投入转化为产出。由于社会资源的稀缺性，组织从环境中获得的各种资源都是有成本的，任何组织都不可能无偿使用资源。管理的成效好坏、有效性如何，集中体现在它是否使组织花最少的资源投入，取得最大的、合乎需要的成果产出。产出一定、投入最少，或者投入不变、产出最多，甚至投入最少、产出最多，这些都意味着组织具有较为合理的投入产出比，有比较高的效率。同时，管理必须保证组织的产出成果能满足利益相关者的某种需要并为之所接受，从而得到环境认可以继续生存并发展，这就是组织成果的有效性问题，也称组织的效能。如果说组织效率涉及组织是否"正确地做事"（即"怎么做"）的问题，那么能否选择"正确的事"去做（即"做什么"）就是决定组织效能的问题。管理的任务就是获取、开发各种资源来确保组织效率和组织效能的不断提高以更好、更快地实现组织目标，适应社会进步的需要。通俗地说就是"正确地做正确的事"。从典型的经济组织——企业的角度来看，管理工作的效果体现在能否选定顾客真正需要的产品或服务进行生产以及用最少的资源耗费进行生产两个方面；就政党而言，管理工作的效果取决于能否提出合乎社会需要政策纲领赢得公众信赖以及用较小的成本顺利付诸实施。

（4）组织的发展演变是管理思想发展、管理技术提高的源泉。随着科学技术的发展，社会的进步，人际交往的技术手段日益先进、多样，空间障碍越来越小，人与人之间联系的效率、有效性大大提高，地域范围越来越大。生产、服务的社会化程度，社会的组织化程度日益提高，组织对人们生活、工作的广度、深度、强度、力度的影响都在加强。个人与组织相互作用的形式、关联的程度呈现复杂多样化的特点。组织本身也在不断发展演变，组织规模不断膨胀，内部层级结构日益复杂。以企业而言，从工厂制，公司制，再到跨国公司，规模成千倍、万倍地扩大，从直线制、直线职能制到事业部制，以至网络化的虚拟企业，组织结构日益复杂。组织规模、结构的演变，增加了管理的难度，给管理提出了新的问题。对这些问题的探索、解决便会导致管理思想的发展、管理技术方法的进步，从而使组织的管理成本降低。历史上重大的管理思想和技术突破都是组织的发展演变引起的。离开组织，管理就成为无源之水。

二、组织结构与组织设计

组织结构就是表现组织各部分排列顺序、空间位置、聚集状态、联系方式以及各要素之间相互关系的一种模式，它是执行管理和经营任务的体制。简而言之，组织结构是组织的外在形式，是组织各要素的一种特定安排，及组织各要素的排列组合方式。组织结构在整个管理系统中起着"框架"的作用，有了它，系统中的人流、物流、信息流才能正常流通，使组织目标的实现成为可能。组织结构的设计要遵循一些基本的原理。

（一）组织结构设计的原理

组织内部的组织结构设计，是依据组织目标的需要和客观环境的变化，按照专业化原则，在最有利的条件下进行内部人员分组归类，正式规定个人与个人、个人与群体、群体与群体之间的关系，以便有效地协调和控制整个组织的活动，充分发挥组织功能，保证实现组织目标和满足个人需要。

组织结构设计应遵循的原理如下：

（1）分工与协作原理。分工与协作是一件事的两个侧面。分工是为了明确责任，达到协作的目的；协作是为了使各部门工作互相配合，取得效果，完成任务。合理的分工协作，是推动组织发展的强大动力。

（2）管理幅度原理。一个管理者限于体力、精力、时间和知识，不可能同时直接地、个别地领导组织内众多成员的活动，并使之互相配合。因此，必须确定合理的管理幅度，否则就难免陷入忙忙碌碌的事务主义。

（3）统一指挥原理。在分工与协作的基础上，建立强有力的指挥系统，使各部门、各单位在统一指挥下彼此协调，密切配合。政出多门，必然导致混乱，涣散人心。

（4）平衡原理。为了维持组织的生存和发展，不被淘汰，必须不断调整组织结构，使组织富有生命力，适应社会环境的变化，使组织的内在因素与外在因素之间保持平衡。

（5）效率原理。效率是投入与产出之比，是衡量组织好坏的重要尺度，除短期的临时组织之外，一切组织均须继续存在。因此，生存是对组织的绝对性考验。组织是否能生存，看其是否有成效，而成效取决于组织是否有效率。

（6）优化组合原则。一个组织，无论资源多雄厚，若人员组合不合理，势必陷入相互掣肘的困境。因此，在组织结构设计或调整时，要坚持撤下多余人员。优化组合不仅指职工的优化组合，更重要的是领导班子的优化组合，要因事设人，不能因人设事、设岗。

（二）组织结构形式

一般而言，组织结构的形式主要有以下几种：

1. 直线型组织结构

直线型组织结构又称直线管理制，简称直线制。它是上下级成直线、等级的权责关系的一种组织形式。各级均有主管，上级主管人员在职责范围内对下级有直接指挥权，下级对服从上级，上情下达和下情上报都按等级进行、不能越级。这种组织结构的指挥与管理职能基本上由组织最高管理者自己执行，具有结构简单、职权明确、行动灵活、指挥统一、便于监督、组织结构较稳定、工作效率高等优点。其缺点在于缺乏合理的分工，要求管理人员要熟悉所管辖范围内的全部业务；容易因管理层次多，信息沟通不畅而出现上级命令下达走样和下级上传信息失真，造成决策失误；主管人员没有参谋人员做助手，一切由个人决定，容易发生独断专行、官僚主义以及职工的自主意识、创造意识和主人翁精神受压抑等。这种组织结构一般只适用于规模小、生产过程简单的企业，在资本主义初期比较流行。而在大规模的现代化生产企业中，由于管理任务繁重而复杂，这种结构就不适合了。

2. 职能型组织结构

职能型组织结构又称职能管理制，简称职能制。这是在直线型结构的基础上，为各级领导人设立职能机构或人员，他们既协助领导人工作，又有权在各自直接指挥下属部门。这种形式适合生产技术和经营管理复杂的企业。其优点是能照顾专业分工，各行其责，既发挥职能部门的作用，又减少领导人的工作负担，便于领导人集中精力作决策。它克服了直线型组织结构的某些弊端，但这种组织结构容易形成多元领导，妨碍生产行政系统的统一指挥，不利于建立健全的责任制，基层单位有时会无所适从。因此，现在很少采用。

3. 直线职能型组织结构

直线职能型组织结构又称直线职能制、直线参谋制。它是组织中各级领导人进行直接指挥与各级职能（参谋）人员进行业务指导相结合的一种形式。这是在直线制和职能制的基础上，吸收了直线制和职能制的优点，又克服了它们的缺点，适应现代企业生产的要求而发展起来的组织结构，是当前采用最广泛的组织结构形式。这种直线职能型组织结构的建立，是由社会化大生产客观条件所决定的。生产的社会化程度越高，必然越要求实行集中领导，建立以管理者负责制为中心的具有高度权威的行政管理和生产指挥系统。它的特点是按生产工艺的特点、产品对象或区域分布来划分车间、工段、班组，建立行政领导系统，各生产单位的行政领导统一管理本单位的生产工作，直接向上级负责。各单位根据需要与可能，设立职能机构或人员，作为管理方面的参谋，他们只对下级机构的工作提出建议和进行指导，而没有决策权，也不能直接指挥命令。这种机构比较适应现代化工业生产的特点，也保证了统一的指挥和管理。

4. 事业部制的组织结构

事业部制结构又称分权结构，或部门化结构。它是在总公司的领导下，根据产品、地域划分各个事业部门，而每一事业部门分别有其独自的产品和市场、独自的利益，成为利益责任中心，进而实行分权化管理的一种结构。

事业部制结构的主要优点是：分权给事业部，有利于统一管理，独立核算，自负盈亏；有利于公司最高管理层摆脱日常事务，致力于企业重大问题的研究；有利于将联合化和专业化结合起来；有利于事业部内部在供产、销售间的平衡协调；有利于事业部领导人员得到训练和考验，成为全面人才。

事业部制结构的主要缺点是：事业部容易产生本位主义和短期行为；不利于事业部之间的人员、先进技术以及管理方法的交流；公司和事业部都设置职能机构，易产生机构重叠，管理费用增高。

事业部制结构是企业生产经营不断发展的产物，一般适用于经营多样化、规模大、产品品种多、各种产品之间工艺差别较大、市场变化较快、要求适应性强的企业。

5. 超事业部制的组织结构

超事业部制，又叫"执行部制"。这种组织形式就是在事业部的上面，增加一层管理组织。它是因为企业的规模越来越大型化，总公司直接领导各事业部，显得管理跨度过大，难以实行有效管理。因而设这一级机构，实际上相当于"分公司"。

超事业部制的特点是：它在统辖和协调所属各事业部活动时，使管理体制在分权的基础上又适当地再度集中，这样可以更好地协调和利用几个事业部的力量搞产品开发和市场开拓。但它的适用范围相对缩小，对规模很大的公司才较为适应。

6. 矩阵式的组织结构

矩阵式组织结构是一种新型的组织结构形式。矩阵是借用数学上的概念，这种组织结构形式从整体上看是矩阵式的，所以叫矩阵结构。它是在直线职能型组织结构形式所组成的垂直领导系统的基础上，又建立一个横向的领导系统，两者结合成一个矩阵的组织结构形式。采用直线职能制组织形式，是按垂直系统设置行政领导机构，各职能部门也均按管理业务性质来建立，彼此之间缺乏横向联系，容易片面强调"条条管理"而忽视横向协作。车间、班组原是"块块"组织，但其所属职能组又分别受企业职能科室的业务指导，因此难以把它们协调起来。在这种结构类型的工厂生产经营中，如果某一环节的工作出了问题，往往要逐级向上反映，直到分管副厂长，做出决定后再依次传达，问题才得到解决。这样不仅工作效率低，甚至会因问题不能及时得到解决而耽误生产时机。所以，增强组织的横向联系已成为我们改善企业管理体制亟待解决的问题之一。国外企业采用矩阵式的组织结构，就是从机构设置的角度来增强企业机构中的横向联系的一种办法。

矩阵式组织结构突破了传统组织结构形式中一个人只由一个部门领导的做法，使组织结构纵横交错，减少了信息流通的层次，促进了各部门之间的协作，增强了各部门的灵活性和责任感，提高了工作效率。具体做法是：将管理部门分为两种，一种是传统的职能部门，另一种是为完成某种专门任务而由各职能部门派人联合组成的专门小组，并指定一个负责人领导，有的企业称这种负责人为业务经理。任务完成后，该小组人员就回原部门。如果这种专门小组有若干个，这种专门小组的横向系统和原来的垂直领导系统构成一个矩阵，故称为矩阵式结构。

矩阵组织结构的优点是：①把职能分工和组织合作结合起来，有利于专项任务的完成。②常设机构和非常设机构结合，既发挥了职能机构应有的作用，保持了常设机构的稳定性，又使组织具有适应性和灵活性。同时，由于专项任务一完成，非常设机构即行撤销，避免了组织机构的臃肿。③有利于个人的提高和发展，矩阵组织内的每个人都有更多的机会学习新的技术和技能。但其缺点也是明显的：①由于员工往往接受双重甚至多重领导，因而容易造成员工无所适从，尤其是当他所接受的命令不一致时。②很难保证组织的职能机构和专门任务小组的行动一致与意见协调，容易造成工作中的扯皮现象或低效率，因而，需要较高的协调成本。③由于矩阵组织本身的不稳定性，往往导致组织工作人员缺乏归属感和安全感。

矩阵组织结构并不是在任何情况下都适用。一般来说，在下述几种情况下可能存在矩阵组织：①在外部环境的压力下出现双重中心任务。②当一个组织需要获取大量的信息情报时。③当一个组织的下属几个部门同时要求分享某一资源时。

组织结构模式可以有多种多样。组织结构模式采用何种方式为好，没有统一与固定模式可以照搬，组织可以从实际出发选择适合自己的组织结构模式。这里除了要考虑任务本身和生产过程的特点外，必须重视其对职工的心理因素方面的影响，应当把技术方面与社会心理方面结合起来考虑，选择最佳的组织结构。

7. 新型组织结构形式

从 20 世纪 80 年代初开始，有些组织的高级主管为加强组织的竞争力，开始设计新型组织结构。

（1）团队结构

团队结构的主要特点是，打破部门界限，并把决策权下放到工作团队员工手中，这种结构形式要求员工既是全才又是专才。

在小型公司中，可以把团队结构作为整个组织的形式。例如，一个 30 人的市场销售公司，是完全按团队来组织的，团队对日常的大多数操作性问题和顾客服务问题负全部责任。

在大型组织中，团队结构一般作为典型的官僚结构的补充，这样组织结构形式既具有官僚结构标准化的好处，可以提高运行效率，又能因团队的存在而增强灵活性。例如，为提高基层员工的生产率，像摩托罗拉公司这样的大型组织都广泛采用自我管理的团队结构。

（2）虚拟组织

"可以租借，何必拥有"，这是虚拟组织的实质。虚拟组织是一种规模较小，但可以发挥主要商业职能的核心组织，用组织结构理论的术语来讲，虚拟组织决策集中化的程度很高，但部门化程度很低，或根本就不存在。

当今市场总是存在很多看似相互矛盾的现象。一方面，随着全球经济的一体化、技术的迅速发展以及顾客面临越来越多的选择，使得各厂家之间的竞争日益激烈。而与此同时，企业之间又越来越呈现出相互合作的态势，这些合作甚至发生在竞争对手之间。可以说，合作的浪潮正在影响企业的经营理念，虚拟经营正在成为一种新的策略。

虚拟经营是指公司在组织上突破有形的界限，虽有生产、营销、设计、财务等功能，但公司内部没有完整的执行这些功能的组织。也就是说，公司在有限资源条件下，为了取得竞争中的最大优势，保留企业中最关键的功能，而将其他的功能虚拟化，通过各种方式借助外力进行整合。这实际上是敏捷制造这样一种全新的生产方式的概念。里根大学教授罗杰·纳戈尔在 1992 年发表了非常有影响的《21 世纪制造企业发展战略》研究报告，系统地描述了敏捷制造的原理、基本特征以及如何实施的构想，成为各国学术界和工业界广泛关注和研讨的热点。敏捷制造的目标是要建立一种能对用户的需求做出快速反应、及时满足的生产方式。敏捷制造理论认为，要提高企业迅速响应市场变化和满足用户的能力，除了必须充分利用企业内部的资源外，更重要的是充分利用整个社会其他企业的资源。具体来说，当企业得知用户对某产品或服务的需求时，便迅速通过全国或全球信息网络，迅速从本公司或他公司选出各种优势力量，形成一个临时的经营实体即虚拟公司，来共同完成这一个产品或项目。而一旦所承接的产品或项目完成，虚拟公司即自行解体，各个公司又会不断地转入到其他项目中去。只有这样才能不断抓住机会，赢得市场竞争，获得长期经济利益。可以看出，这种生产方式打破了传统企业固定不变的、限定的企业边界和组织结构，而代之以动态多变的、范围更广的网络式组织结构形式。

虚拟企业实际上是企业之间的动态联盟，是在信息化的环境下整个社会生产资源进行动态优化组合的一种重要形式。虚拟化作为一种新的组织形式，正日益受到全球企业界和学术界的关注。然而，当前对虚拟企业内各伙伴企业之间的相互关系、合作竞争机制、利益分配和责任分担方法、信息开放与保密（信息不对称性）、各伙伴企业之间的相互信任和学习机制、伙伴选择与评价、各伙伴间价值流、信息流和物流系统的整体集成和优化、对其主要职能的控制等问题都值得进一步探讨。

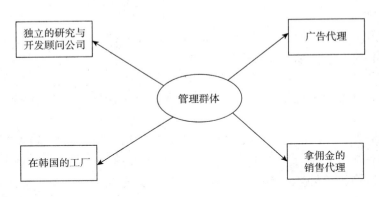

图 6-1　虚拟组织结构

图 6-1 是一幅虚拟组织图，从中可以看到，管理人员把公司基本职能都移交给了外部力量，组织的核心是一小群管理人员。他们的工作是，直接督察公司内部的经营活动，协调本公司进行生产、配送及其他重要职能活动的各组织之间的关系。图中的箭头表示这些关系是通常是契约关系。实质上，虚拟组织的主管人员主要是通过计算机网络联系的方式，把大部分的时间用于协调和控制外部关系上。

（三）组织设计的趋势

随着信息社会的到来，全球经济一体化，组织生存的环境越来越复杂多变，为了更好地适应环境的变化，现代组织设计出现了一些新的趋势，主要表现为：

1. 组织结构扁平化

即减少组织纵向层次，使组织结构变得扁平。这样，一方面可以减少组织层次，降低组织运行成本，另一方面，也可以使上下级沟通更方便，高层领导了解基层情况更快捷，从而有利于组织对变化的环境做出快速反应。事实上，现在一些国际知名大公司都在大范围缩小组织规模，推行扁平化。如美国通用汽车公司将组织层次由 28 层减少到 20 层。

2. 组织结构柔性化

柔性的概念最早源于柔性制造系统，曼德巴姆曾将柔性解释为生产系统适应稳定性的能力。柔性组织是一种具有不断适应和调整能力的组织。柔性组织的外部开发性可以通过其运作过程中的知识积累和进化的预期，从而实现组织目标、战略和行为规范等要求之间的重新选择与整合，与环境发展趋同。柔性组织的精神哲学就是保持一种有利于进行创造性思考的环境，提供对竞争和市场发展的快速反应的能力。人们之所以还需要柔性组织系统还在于对组织过程中的两种对应效果——"控制与自由"的平衡效应，即既要有利于创新、反应，又能加强控制向公力和保持力量。由此而决定的柔性组织的个性特征可以归纳为：①核心作业；②扁平的等级层次；③自我管理的团队；④智能至上；⑤相互依存的微型经营单位；⑥多种形式的联盟；⑦网络结构；⑧全球经营思想。柔性组织的市场行为特征主要表现为三个方面：①寻求联盟；②竞争性合作；③组织学习。

总之，在柔性化组织中，集权和分权相结合，稳定性与变化性相统一，灵活性和多样性相协调，保证企业充分利用资源，为企业提供了应变内外部环境的能力，提高了其市场的竞争力。

3. 组织界限模糊化

典型表现形式是出现了虚拟企业。虚拟企业是一种由两个以上的独立公司组成的临时合作伙伴关系。合作伙伴之间有共同的信息网络，共享技术，分担费用，联合开发。由于虚拟企业的出现，企业界限模糊了，视野开阔了，内外资源的相互配合形成了更大的综合优势，促进了企业的快速发展。

4. 组织管理信息化

当今发达国家的不少公司出现了一批新式高级经理，他们被称为"知识主管""智力资本主管"等头衔，职责是获取、创造、保存和转让知识。一些大公司实行了知识管理后获得了强大竞争优势、创新能力和良好经济效益。目前对知识管理的全面研究正在世界范围内展开。

5. 组织运营信息化

随着信息技术的迅速发展及其在企业运营中的普遍应用，企业经营管理的信息化趋势在不断加强。为信息交流和知识共享提供便利的基础设施——网络建设是企业的普遍行为，很多组织都设有信息技术中心来为组织运营信息化提供技术支持和帮助收集信息。

（四）工作再设计

组织设计往往还涉及组织工作的再设计。组织工作再设计主要是为了减少员工长期从事一项工作所带来的单调感，激发员工工作积极性。同时，有工作再设计方法也是为了更好地适应组织环境的变化。组织工作再设计的方法具体包括：

1. 工作轮换

工作轮换指的是把员工从一个岗位换到另一个岗位的方法。工作轮换一方面可以减少员工工作的单调感，另一方面，也可以培养员工多方面的工作技能。因此，也可以作为组织平时培训员工的一种方法。

2. 工作扩大化

即在员工原来工作的基础上，再给员工适当增加一些相关的工作任务。在这种工作设计中，由于产品不需要从一个人手中传到另一个人手中，因此大大节约了时间，提高了工作效率。同时，由于员工完成的是整个产品，这样会唤起员工心中的成就感。虽然工作扩大化会导致工资支出和设备检查的增加，但由此带来的质量上的改进和员工满意度的提高抵消了这些费用。

3. 工作丰富化

与工作扩大化通过横向扩大员工工作范围不同，工作丰富化是通过纵向深化工作，以改变工作内容来达到激励员工工作积极性的目的。如把工作设计得更有挑战性、增加员工工作责任感、给予员工工作自主权等。它的理论基础是赫茨伯格的"双因素理论"。

4. 弹性工作制

这种设计方法主要是通过给予员工一定的工作时间安排自主权，来达到激励员工工作积极性的目的。它一方面可以适应现代社会的快节奏生活，减轻员工工作和生活压力，减少员工缺勤率、迟到率和流失，增进员工的生产效率；同时，在一定程度上也可以缓解城市公共交通拥堵现象，降低组织运行成本。

（1）核心时间与弹性时间结合制

即要求在一天的某个时间段（通常5~6小时），所有员工必须在岗位认真工作，而环绕两头弹性时间是员工可以自由的时间。有些弹性工作制还允许累积额外的工作时间，从而每个月内可以腾出一个自由日。

（2）成果中心制

即规定员工必须在一定的时间期限向组织提交工作成果，至于工作时间甚至工作地点都可以由员工自己自主安排。现在很多科研机构实行的就是这种弹性工作制。

（3）紧缩工作时间制

即员工可以将一个星期内的工作压缩在两三天内完成，剩余时间由员工自己处理。

三、组织变革与发展

组织变革也叫组织改革。组织变革是根据组织内外环境的变化要求，运用管理学、管理心理学的原理和方法，对组织的结构和技术进行更新，改变组织成员的心理和行为，以保持和促进组织效率的过程。简而言之，组织变革就是组织为了适应内外环境的变化，对组织本身进行的整顿和修正。变革是绝大多数组织保持其生命力不可少的方式。从管理心理学角度来说，组织变革的重点是改变人的行为和人际关系。因为人是组织中最重要的一个因素，只有使人的心理和行为作出适当的改变，人际关系才更加融洽，组织才有生命力，才能适应变化多端的外部环境。

（一）组织变革过程

组织变革是一个调整组织以适应环境、提高组织成效的动态过程。该过程大体可分为变革准备与变革实施两大部分。

一般认为，当一个组织面临下列情形之一时就需要进行变革：

决策迟缓。决策进展缓慢往往意味着有利时机被错过，组织活动受挫折、遭损失。

沟通渠道阻塞。组织内部上下级之间、机构之间、职工之间，以及与外界的沟通渠道受阻，会造成诸如信息不灵、协调不良、成员关系紧张等严重后果。

效能无法发挥。即组织的领导和指挥失灵，组织这部机器不能正常运转，人心涣散，工作秩序混乱，以至于组织目标无法实现。

竞争与创新精神差。一个组织在其实现目标活动中，耳不聪目不明，墨守成规只求稳妥，不愿意另辟蹊径，致使整个组织缺乏只争朝夕与创造新局面的气氛。

当一个组织出现上述问题之一时，就意味着它需要变革。为了使变革取得最佳成效，首先应对变革的程序进行研究。国内外很多组织心理学研究者从不同方向和角度进行了研究，提出了不少组织变革理论模式。这里我们取其相似点，归纳成组织变革过程的四个程序，或叫四个阶段。

第一阶段：分析与确定问题。是指对组织究竟存在什么问题，问题产生的具体原因，这些问题的变化趋势，它们在整个组织活动中所占地位以及已经发生和将会产生的影响做出详细分析。同时，也对正在变化着的技术和社会的发展予以详细评价，从而确定存在的问题及产生的原因，明确内外环境的变化对组织的生存与发展的影响。

第二阶段：组织诊断。指运用多种研究方法，如问卷法、组织图法、观察法、实地研究法等方法与技巧，占有真实详尽的资料，借此进一步明确问题症结所在，并论证若是不变革能否适应环境的变化，从而为变革方案计划的制订打下更坚实可靠的基础。

第三阶段：执行变革。指将上述两个阶段所得结果转变为实际行动。包括变革方案的制订、方案选优和实际执行等步骤。执行变革必须忠实于所优选方案，才能看出变革效果。

第四阶段：对变革作评估。指采取各种方式途径收集变革效果信息并对之进行估量。这是一种信息反馈工作。通过此工作了解变革带来的效果状况，如果效果证实变革是可行的，应当完善与坚持；如果效果不明显，应对变革方案做出调整与修订；倘若效果欠佳，应分析原因再做方案。评估要有总结性评估，但尤为重要的是做好阶段性评估，因为它有利于更及时地肯定成绩、发现问题、修正方案。

（二）组织变革的原因与动力

促使组织变革的动因可以分为外部和内部两个方面。

1. 外部环境的变化

每一个组织的生存与发展和竞争能力都与外部环境息息相关并受其制约。当外部环境变动时，各种组织都需通过调整与变革去适应外部环境，并与其保持平衡，从而得到自身生存发展的条件，否则就会被淘汰。所以，外部环境是组织变革的一种巨大的推动力。

2. 内部环境的变化

组织成员的工作态度、工作期望、个人价值观念等方面的变化，如果与组织目标、组织结构、权力系统不相适应时，也必须对组织作相应的变革。它们之间不相适应或相互矛盾主要有下列几种表现：

（1）组织成员要求在工作中有个人发展的机会，但组织仍然倾向于简单化、专制化的管理方式，从而限制了成员发展的机会。

（2）组织成员希望彼此以公平、平等的态度相待，但组织仍然是等级分明、地位差别大，使组织成员产生强烈的不公平感。

（3）组织成员的工作热情逐渐转向以工作本身所产生的内在利益、人的尊严和责任心为基础，但组织却仍然只靠奖惩手段推动成员工作。

（4）组织成员希望从工作中立即获得当前需要的满足，但是组织的奖惩、晋升等仍然是满足，不能立即兑现。

（5）组织成员希望或注重从组织中获得尊重、友谊、信任、真诚等情感的满足，但组织只强调任务是否完成，不注重人的情感。

（6）组织成员随着自身素质的变化和生活水平的提高，要求组织采用新的管理制度或管理方式，但组织领导仍然习惯于老一套陈旧的制度或工作方法。

总之，无论是环境的变化、组织运作效能的降低，还是组织成员的心理、行为变化，都会导致组织系统的失衡，从而在组织内部产生要求改变现状的变革推动力量。

（三）组织变革阻力及其克服办法

任何一种改革，无论是政府推行的改革，还是企业组织实行的改革，都会受到来自个体和群体的抵制。变革有阻力这是一件永远也无法改变的事实，换句话说，如果没有阻力，也就不会存在变革。

1. 组织变革的阻力

组织变革的阻力可以是多方面的，有社会的政治、经济、法律秩序等因素的制约，也有组织本身的体制、人员素质、技术、财力等因素的作用。现仅就组织内部人们的心理观念做些分析。

变革包含着破旧立新的意义，往往会受到人们过时的心理与观念的干扰和抵制。这种心理观念上的干扰与抵制变革主要有：

人们长期从事某种工作，对其内容和操作方式方法都已比较熟悉，心理上形成安全感、稳定感；而急剧的变革，打破了常规，也打破了人们对原来工作的认可，对新的管理方式、新的工作及其操作方式方法，甚至新技术设备的采用，都会感到陌生和不适应，心理上会失去原有的平衡，由此会自觉不自觉地产生抵制变革的心理。

组织中多数职工容易安于现状，求稳怕乱，对需要冒风险的变革往往缺乏坚定的信心，这种心理惰性也是变革的一种阻力。同时，变革还会带来内部人际关系的变化，比如由于变革，部门间的合作关系可能会因竞争机制的引进或责、权、利的重新调整而变得不协调。关系融洽、密切、亲近的人也可能会因变革被拆散，而互不了解的人又重组一起，难免互不适应，出现摩擦。这两种情况都会导致人们心理上的紧张和不愉快。这种部门关系、人际关系问题也会是变革的一种障碍。

人事或技术变革，都会涉及人的地位的变化。例如管理体制及干部制度的变革，必然会出现一些干部地位的升降变迁，这对一些人头脑中关于权力、地位的旧观念势必造成冲击，他们不情愿失去权力、地位给自己带来的既得利益，因而在行动上这些人也会以各种形式抵制变革。

我国实行改革的最终目的是强国富民，给人民带来实惠。但废去终身制，砸掉"铁饭碗"，下岗分流、重新择业，有相当部分人担心会因此影响个人经济收入。经济利益得失的顾虑往往也是变革的一种阻力。

在一个组织中，有正式群体，也有因性格、兴趣爱好相似，职务地位相近，工种相同而形成的非正群体。当组织因机构需要精简，或因某个职能机构不起作用需作调整、重建，乃至取消，或因用工制度的变更而调整职工队伍、裁减富余人员时，都会对这些群体产生冲击，可能遭其反对，成为变革的一种阻力。

2. 克服变革阻力的方法

在抵制变革的人群中，多数人是由于长时间在一种劳动、工作模式中活动形成的心理定式的作用和对变革的深远意义认识肤浅、片面所致。因此，只要采取适当的方法做一些工作，人们抵制变革的心态是可以改变的。

（1）统一认识

大量事实证明，当变革成为组织全体成员迫切要求时，就会产生一股要求变革的强大力量，推动变革的开展。相反，当组织成员缺乏变革要求时，即使专家们列举出有说服力的理由和用实例说明变革的必要，也会遭到抵制，使变革无法进行。这说明只有当组织变革变成全体成员的共同需要，认识得到统一，才会有自觉行动，使变革开展起来、坚持下去。

（2）积极参与

心理学研究表明，人们对某项事情参与的程度越高，就会感到自己承担的责任越大，并且把这件事当作自己的事情。因此，鼓励组织成员参与改革是克服组织改革阻力的最有效的一种方法。组织应该使其成员认识到变革是为了整个组织和全体成员的利益。当组织成员能够参与有关组织变革的目标、计划和方案的讨论时，就容易产生认同感，减少抵触情绪，组织变革就会顺利地进行。

（3）威信

威信高的领导对组织的影响力大，有威信的领导人的改革和指挥容易被人接受。所以，组织变革的决策与领导权应由对变革认识正确、能以大局利益为重、不谋私利、作风正派、群众威信高、领导能力强的人来掌握，借助其影响力，强化成员对组织的认同感、归属感、集体荣誉感，克服抵制心理，上下共同努力，促进改革顺利进行。

（4）心理适应

人们对新事物有个认识、熟悉和习惯的过程。人们对变革所带来的新的活动方式和行为规范同样有一个适应过程。因此，组织变革需要时间，组织成员需要有心理准备，不能操之过急，否则成员缺少心理准备，对变革认识模糊或无认识，这样他们会对变革产生厌倦和抵触情绪，从而阻碍变革。

（5）注意群体作用

群体是联系个人与组织的桥梁。群体目标、感情、态度、价值观念、行为规范都不同程度地制约着成员的心理和行为。当组织变革在涉及有关群体问题时要慎重从事，想很快改变群体与组织变革不相适应的所有方面是不科学的，弄不好会陷入被动局面。为此，当群体心理与行为需要变革时，应注意引导，循循善诱，不能提过多的生硬要求；要善于找到变革的内容与群体成员的心理行为中富有积极意义的部分的结合点，使每个人所担负的职务角色或责任跟他们具有积极意义的心理行为因素相协调；要利用健康群体的积极力量去影响和转化一些群体成员的观念和行为，使他们在目标、价值观、情感、行为等方面适应组织变革的要求，以克服群体对改革的阻力。

（四）组织变革方法

组织变革的方法应有针对性，任务不同的组织变革应采取不同的方法，不应搞"一刀切"、一个模式。当然也不能脱离国家法规、政令，自行其是，不顾必要与可能，一味蛮干。通常组织变革有以下几种方法：

1. 改革组织结构

改革组织结构是指从对领导与管理系统的调整入手进行的变革。调整是在调查研究、科学分析与总结的基础上，对那些不能适应变化的外部环境和工作任务需要，不能满足成员合理需求的领导与管理部门进行调整，包括建立新部门、合并与撤销一些部门、强化部门间的协调、扩大基层单位自主权等。组织结构变革应贯彻"因事设职，以事寻人"原则。无论是结构的彻底改革还是部分调整，都不能重犯因人设职、因人设事的错误做法。否则不仅达不到改革的目的，反而可能使组织结构更加不合理。

2. 改变心理环境，提高业务素质

组织的各种变革最终都要由人来承担，所以改变人的不适应变革的心理，提高他们的业务素质是很重要的。

首先，改变心理环境。其一是端正组织成员的工作动机和态度，教育他们不能一切向钱看，要加强职业道德修养，要有主人翁精神和工作责任感，要为组织目标的实现、为建设有中国特色的社会主义大业发挥聪明才智和努力工作。其二是爱护组织成员的热情和积极性，使他们的贡献与精神和物质利益挂钩，做到赏罚分明。其三是用真诚、理解的态度对待下岗干部、职工，多做思想工作，疏通其情绪，改变其观念，采取有力措施帮助其解决经济和其他困难，努力使之成为一支支持改革的力量。其四是领导者要不断改进领导作风和管理意识，用崭新的作风和工作方式增强自己的影响力。这些方面做好了就能为组织变革创造一种团结、振奋、和谐的心理环境。

其次，提高业务素质。对成员要进行对口的技术业务培训，加速知识更新，学习新的

技能，跟上技术革命的步伐，适应新技术设备的操作要求。

总之，改变组织成员的精神面貌，提高其技术业务素质，对增强组织活力、提高工作效率、加快变革进程是极其重要的措施。

3. 调节与控制外部环境条件

从系统论观点看，组织与外部环境互相联系相互作用，从而形成一个系统。外部环境对组织的生存与发展常常产生带有强制性的影响，组织应尽量适应它的变化。然而组织也可以反作用于外部环境，可以主动采取措施调节与控制外部环境条件，为组织的生存与发展开辟道路。例如，加强外部信息的输入、扩大信息源、开辟新的领域、设置新的对外服务项目、强化管理功能、加强与相关组织的横向联系、掌握对外主动权等方法措施的采取，都有利于对外部环境的调节与控制，进而有利于组织变革。

（五）变革效果评估

变革的成败取决于变革效果。因此，在变革实行过程中，对变革效果反馈的结果进行研究分析，不断地发现在变革中出现的问题是非常重要的。为了获得反馈信息和对变革效果进行评估，对外要进行定期的市场调查、消费者行为调查、社会心理调查和民意测验等。对内需要进行态度、士气和满意度调查以及工作绩效的评价。由此可见，心理调查方法和社会调查方法以及其他软科学的研究在组织变革中是不可缺少的工具。

（六）组织发展

组织发展寻求的是增进组织的有效性和员工的幸福。

1. 组织发展的价值观

组织发展范式重视人员和组织的成长、合作与参与过程以及质询精神。下面简要概括一下大多数组织发展活动的基本价值观念。

（1）尊重人

认为个人是负责的、明智的、关心他人的，他们有自己的尊严，应该受到尊重。

（2）信任和支持

有效和健康的组织拥有信任、真诚、开放和支持的气氛。

（3）权利均等

有效的组织不强调等级权威和控制。

（4）正视问题

不应该把问题掩盖起来，要正视问题。

（5）参与

受变革影响的人参与变革决策的机会越多，他们就越愿意实施这些决策。

2. 组织发展的干预措施

（1）敏感性训练

敏感性训练指的是通过无结构小组的相互作用改变行为的方法。在训练中，成员处于一个自由开放的环境中，讨论他们自己以及他们的相互交往过程，并且有专业的行为科学家稍加引导。这种小组是过程导向的，也就是说，个人通过观察和参与来学习，而不是别人告诉他学什么，他就学什么。专业人员为参与创造机会，让他们表达自己的观点、信仰和态度。他自己并不具有任何领导角色的作用。

小组目标是使主体更明确地意识到自己的行为以及别人如何看待自己，并使主体对他人的行为更敏感，更理解小组的活动过程。它追求的具体目标包括：

提高对他人的移情能力；

提高倾听技能；

更为真诚坦率；

增强对个体差异的承受力；

改进冲突处理技巧。

（2）调查反馈

调查反馈是评估组织成员所持有的态度，识别成员之间的认知差异以及清除这些差异的一种工具。组织中的每一个人都可以参加调查反馈。调查问卷通常由组织或部门中的所有成员填写。问卷主要询问员工对决策实践沟通效果、部门间的合作等方面的认识、理解和态度以及对组织、工作、同事和直接主管的满意度。调查者通过提问或面谈的方式来确定哪些问题是重要的。

（3）过程咨询

没有组织能够尽善尽美地运作，管理者常常发现自己部门的工作绩效还可以改进，但却不知道要改进哪些方面以及如何改进。过程咨询的目的就是让外部顾问帮助客户（常常是管理者）对他们必须处理事件进行认识理解和行动。这些事件可能包括工作流程、各部门成员间的非正式关系、正式的沟通渠道，等等。

过程咨询中的顾问让管理者了解在他的周围以及他和其他人之间正在发生什么事，他们不解决组织中的具体问题，而是作为向导和教练在过程中提出建议，帮助管理者解决问题。如果管理者和顾问均不具备解决某一问题所需要的技术知识，则顾问会帮助管理者找到一位这方面的专家，然后指导管理者如何从专家那里尽可能多地获得资源。

（4）团队建设

组织越来越多地依靠团队完成工作任务。团队建设利用高度互动的群体活动来提高团队成员之间的信任与真诚。

团队建设适用于相互依赖的情况（如橄榄球运动），其目标是改进队员的协作能力，提高团队成绩。

团队建设中一般考虑的活动包括：

目标设置；

团队成员间人际关系的开发；

明确每个成员的角色和责任；

角色分析以及团队过程分析。

（5）群体间关系的开发

组织发展关注的一个重要领域是群体间功能失调的冲突。因此，这一点也成为变革努力的主题之一。群体间发展致力于改变群体间的态度、成见和观念。例如，在一家公司中，工程技术人员认为会计部门是由一群含羞而保守的人组成，这些成见显然会给部门间的协调活动带来负面影响。

改善群体间关系的方法为，首先让每一个群体独立列出一系列清单，其中包括对自己的认识，对其他群体的认识以及其他群体是如何看待自己的；然后各群体间共享信息，讨论他们之间的相似之处和不同之处，尤其要明确指出不同之处并寻找导致分歧的原因。

四、员工组织行为

组织中存在着两种性质的员工组织行为：一是具有正向、积极作用的组织行为，其中包括组织承诺、组织忠诚、组织公民行为等；二是具有负面、消极作用的组织行为，其中包括反生产工作行为、反社会组织行为、越轨行为、员工默契等。

（一）员工正向组织行为

员工正向组织行为是指员工的组织承诺、组织忠诚、组织公民行为等。这些组织行为对于组织的精神文明建设与物质文明建设都具有积极、正向的促进作用。这种类型的组织行为应该得到支持与提倡

1. 组织承诺

组织承诺是员工对组织的个人态度变量，表明个人对组织的信赖程度，其具体表现为：其一，个人对组织目标的接纳；其二，个人为组织努力工作的意愿；其三，个人留在组织中的渴望。比如，有的员工说："我很乐意在这个组织中度过剩余的职业生涯，我真的把组织的问题当成我自己的问题。"这就是组织承诺的表现。

组织承诺是人们对组织的卷入度以及对于留守在组织内的兴趣的高低。

（1）组织承诺的类型

组织承诺可分为三种类型：情感承诺、继续承诺、规范承诺。

①情感承诺是指员工因情感依恋而想要留在组织中由于员工赞同组织的目标和价值观而愿意继续为某一组织供职。这些员工认同组织的潜在目标和价值，因而有继续为组织工作的强烈愿望。具有情感承诺的员工其核心价值观为支持、信任、尊敬、努力。

②继续承诺是指员工需要薪酬和津贴，或是找不到其他工作仍必须留在组织中。这种员工不离开组织不是因为认同组织目标和价值，而是由于无力承担离职的损失而必须继续为组织供职，因为离职要付出的代价实在太大，所以有的员工说："目前，根据需要留在组织里对我来说仍是必需的。"

③规范承诺是指员工出于固有的价值观而认为自己有义务继续留在组织中，并认为这是正确的做法。员工有时面临他人的压力而有继续为某一组织供职的责任感。有的员工认

为："就算对我有利，我也觉得现在离开组织是不对的，不愿老板失望与担心，同事会看不起他们。"

（2）组织承诺的性质与来源

每种承诺都有不同的前因变量。

工作中的愉快经历会引发情感承诺，情感承诺与工作满意感密切相关。工作条件好、期望得到满足就会引发高的情感承诺，从而提高工作满意感，减少离职意向。

个人价值观、组织给个人的恩惠会促成员工的责任感，从而提高规范承诺，由于员工个人有价值观、义务感，再加上组织对员工的恩惠，促使员工提高了规范承诺的意向。

而由于变换工作难度的增加，工作成本投入的加大，员工考虑跳槽可能带来的损失，就会仍然留在组织之中，选择继续承诺。

由此可见，员工根据实际的考量，考虑到寻找新工作的难度，失去工作后的损失等，所以仍然会选择继续承诺。

（3）提高组织承诺的实际意义

①使员工更能坚守岗位，不易辞职或缺勤。

②当员工坚守组织承诺时，就愿意为组织目标实现做出牺牲。

（4）提高组织承诺的方法

为了提高员工的组织承诺，可从以下几个方面做起：

①丰富工作的内容。组织要使工作丰富化，要增加工作的乐趣与工作的责任性。要实施员工的参与计划。

②要使员工利益与公司利益保持一致。要实施利润分配计划，只有在公司与员工利益一致时才能提高承诺水平。

③要招聘、选择与组织价值观一致的新员工，这样便于员工接受组织的价值观，双方在管理行为影响下的态度趋向一致。

2. 组织忠诚

（1）组织忠诚概念的演变

在中国传统文化中，对国家、社稷的忠诚称为"公忠"，对君主、个人的忠诚称为"私忠"。这里，表现为臣民专心一意、毫无保留的服从。

在现代组织中，忠诚表现为忠于职守，对工作尽心尽力，把工作当成自己的事业，与老板的想法保持一致。

在现代企业中，组织忠诚的对象是组织与主管。组织忠诚的内容包括规范忠诚、情感忠诚、工具忠诚。组织忠诚包括两个层面：态度与行为。

（2）组织忠诚理论研究的概况

不同文化背景下的组织忠诚的含义有很大差别，我国台湾地区管理心理学与组织行为学家在这方面的研究可做参考。刘纪曜（1982）在对忠诚的伦理研究中区分了公忠与私忠的差异。周逸衡（1984）对台湾大型民营企业研究的结果表明，企业主将忠诚解释为"忠于职守""把公司当成自己的事业来看""对工作尽心尽力""和老板的观念一致"等。李慕华（1992）的研究结果将组织忠诚概括为"负责尽职""主动积极""与公司一体""稳定"以及"顺从"。郑伯壎（1995）的研究表明，关系、忠诚及才能是华人领导者对下属进行自己人或外人归类的主要标准。张慧芳（1995）认为，与才能、关系相比，忠诚在上司对下属的信任上具有较高的解释力。郑纪莹（1996）认为在人的企业组织内，组织成员的效忠对象是多变的，其中对人的效忠十分重要；本质上，下属对主管的效忠是一种社会交换关系。姜定宇等（2003）指出，华人组织的忠诚概念，除了涵盖与西方相同的内容，亦包括了属于华人独特的内涵。同时，华人组织忠诚并非西方组织承诺与组织公民行为的总和，而是具有鲜明忠诚意识的华人本土概念。

（3）组织忠诚的概念

组织忠诚是指员工对组织的心理投入与认可，主动为组织付出作要求之外的努力。员工基于特定因素，在心理上服从并认同组织，相信组织会提供自己所需要的照顾和支持，从而愿意以行为表现尝试达到组织的目标与最大利益。对组织忠诚的员工对公司或老板具有一种长期而持有的自发性责任，能将公司老板的目标视为最重要。

组织忠诚是一个连续性的概念，而不是一个二分结构的概念：忠诚与不忠诚。个人可能具有不同程度的组织忠诚。

（4）中西方组织忠诚概念内涵的差异

中西方组织忠诚概念的内涵有以下的差异：

西方组织忠诚的对象主要是组织；而中国在目前多元文化融合的情况下，既有对组织的忠诚，更多的是对主管与老板的忠诚。

西方组织忠诚的动机是酬赏驱使、互惠规范的公民意识；中国组织忠诚的动机是道德伦理，如角色规范的忠诚意识、个人的角色义务与责任。

西方的组织忠诚强调工具层面；而中国的组织忠诚强调情感层面。

西方组织忠诚的目的是要发挥个人在组织中的最大潜力；而中国组织忠诚强调的是创造最大的组织整体利益。

（5）组织忠诚的结构维度

我国古代的组织忠诚结构维度是：忠心、侍奉、尽职、建言、守节、有仪。

我国现代组织忠诚的结构维度主要是：认同、内化、奉贤、效劳、服从。也有的学者将其归纳为负责尽职、主动积极、与公司一体、稳定、顺从五个维度。

进一步的研究表明，组织忠诚的结构维度还可细分为次要维度：尊敬、服气、价值共享、荣辱与共、牺牲、任怨、分忧、扬善、服从。

（6）正确认识组织忠诚

个人对国家、组织的忠诚是值得提倡的，但个人对主管、个人的忠诚是有条件的，不应该提倡对主管、个人的盲目忠诚。

在市场经济条件下，强调择业自由，在这种情形下，频繁"跳槽"缺乏组织忠诚感，实际上对个人与组织都是不利的，为此，提倡组织忠诚是很有实际意义的。

作为组织，主管不应该将员工分为两级忠诚的与不忠诚的，应该允许员工有不同程度的组织忠诚，更不应该按对主管、个人忠诚的程度将员工划分为"自己人人"，从而在组织内部形成宗派。

在此值得警示的是，对黑社会头目、腐败堕落领导者的忠诚，必将导致自身的堕落。

3. 组织公民行为

（1）组织公民行为的研究概况

组织公民行为的概念渊源于卡兹（Katz.1964）的角色外行为的想法。卡兹是以角色理论为出发点区分组织内工作必备的行为与角色外行为的。

史密斯等（Smith、Organ、Near.1983）将组织公民行为概括为两类主要维度：助人与顺从。

奥尔刚（Organ，1988）提出除了助人与顺从之外，组织公民行为还包含礼节、运动精神及公民道德三类维度。

格拉汉姆（Graham.1991）进一步界定出三种积极组织公民特征，包括服从、忠诚和参与。

波特萨可夫等综合了组织公民行为的研究，并提出了组织公民行为的八个维度：助人行为、运动精神、组织支持、组织顺从、自动自发、公民道德及自我成长、提出建议。

（2）组织公民行为的概念

组织公民行为的内涵为角色外行动，或称职务外行为。这一行为的特征是强调自动自发、合作创新、尊重制度、自我训练以及良好的仪态。此外，协助同事解决问题，接受任务时不推三阻四以及适时提出建设性的意见等都是重要的角色外行为。

（3）组织公民行为的维度构成

波特萨可夫（2000）提出的组织公民行为八维度构成受到了广泛的认同，现就这八维度的内涵概述如下：

①助人行为（Helping Behavior），是指自愿协助他人的行为。

②运动精神（Sportsmanship），是指愿意忍受一些不便，不抱怨工作上的不平。

③组织支持（Organizational Loyalty），是指向外界推销组织，保护组织不受威胁以及与组织共渡难关。

④组织顺从（Organizational Compliance），是指遵从组织的规范与程序。

⑤自动自发（Individual Initiative），是指要具有创造力、表现创新的行为，对工作拥有热忱，并做持续的付出以及自愿承担额外的责任。

⑥公民道德（Civic Virtue），是指愿意参与组织会议，注意组织的威胁与机会，并寻求组织的最大利益，即使因此付出极大的个人代价。

⑦自我成长（Self.Development），是指主动提升自己的知识、技术水平及能力，以提高个人的工作表现与组织效能。

⑧提出建议（Voice），是指提出对公司有利的建议。

（4）中国文化背景下组织公民行为的维度构成

法尔奇等（Farh、Zhong、Organ.2004）采用归纳法，通过对 230 位来自中国国有、乡镇、外资和私营企业的员工的调研，得到了中国文化背景下组织公民行为的十个维度。这十个维度分布于个体、群体、组织、社会四个层面：

第一，个体层面的组织公民行为维度：

①自我培训

②自动自发

③保持工作场所清洁

第二，群体层面的组织公民行为维度：

④人际和谐

⑤帮助同事

第三，组织层面的组织公民行为维度：

⑥保护和节约公司资源

⑦建言

⑧参与群体活动

第四，社会层面的组织公民行为维度：

⑨参与社会公益

⑩提升公司形象

由此可见，人际和谐和参与社会公益维度是中国文化背景下所特有的。

（5）组织公民行为的意义与作用

组织公民行为的意义与作用表现为以下几个方面：

①组织公民行为充当了组织运行的润滑剂，有利于减少人际矛盾和冲突。主动地为他人提供方便，利他和助人行为有利于维护人际和谐，从而保证了工作关系的顺畅。

②组织公民行为是管理者给予员工高评价、晋升以及加薪的重要依据之一。

③组织公民行为有助于促进管理人员与下层生产效率的提高。管理者不必将精力放在处理人际关系上，而是放在生产效率的提高上，同事间的互相帮助也有利于生产效率的提高。

④组织公民行为能自觉维护组织的正常运行，减少矛盾和冲突，并能使组织更有效率地利用资源，减少不必要的资源争夺。

组织公民行为能促进团队成员之间以及跨团队的工作协调，并促使群体利益和个人利益都得到有效的协调。

组织公民行为有利于创建良好的企业文化以及创造一个使人更加愉快的工作环境，从而增加组织吸引、留住优秀人才的能力。

（二）员工负向组织行为

反生产工作行为包括两种类型：一种为较为严重的，包括攻击、蓄意破坏和偷窃，另一种为情节较轻的反生产行为，诸如迟到、缺勤与辞职，总称为退缩行为。现分述如下：

1. 严重的反生产工作行为

反生产工作行为简称为 CWB（Counteiproductive Work Behavior）。严重的反生产工作行为是指那些意欲伤害组织或者诸如员工、上司和客户等其他人员的行为。严重的反生产工作行为包括对同事的故意的攻击及不道德行为，还有破坏组织财产、故意出错、偷窃和消极怠工。

推而广之，显然，在当今社会，压力条件与不公正待遇会引发诸如愤怒和恐惧等负面情绪，进而导致破坏性行为的产生。体验到控制感，相信建设性努力会有效，员工可能会去尝试建设性行为，而一个觉得对局面无法控制的员工就可能用反生产工作行为来处理负面情绪。

产生反生产工作行为可能与员工的人格特征有关。易怒，即使受到轻微挑衅也能倾向于发怒的人。负性情绪水平高的人更可能有反生产工作的行为。

同样，那些在大五人格因素中宜人性、尽责性、情绪稳定性得分低的人也更有可能有反生产工作行为。

总之，人格因素加上环境因素会使该行为发生的可能性呈现最大化。

2. 情节较轻的反生产行为

情节较轻的反生产行为表现为退缩行为，如迟到、缺勤、辞职等。

迟到、缺勤、辞职行为使员工在规定时间或被需要时无法工作。

缺勤、离职是员工对工作不满时做出的两种反应。员工试图暂时或永久地逃离自己不满意的工作环境。

迟到的员工也是常缺勤的员工，也可能会离职。

缺勤是指员工没有按照规定时间来上班。这是对令人不满的工作及工作条件的反应。产生缺勤的原因与诱因是不同的，可能是工作与家庭冲突所引起的，因而要采用不同的方法使之减少，如发全勤奖可以减少缺勤者，另外可以制定相应的缺勤政策。

离职率是指在给定时间里离职员工的百分比。对于离职者也要分析，低绩效者的离职不是问题，低绩效者离职不会增加填补空缺的成本，只有高绩效者离职才会增加填补空缺的成本。为此，应该给高绩效者加薪，以减少离职情况的发生。离职的原因很多，如健康状况、兴趣爱好、家庭等，但是，工作满意度和离职意愿是员工离职行为的前兆。

3. 负面组织行为的影响因素

负面组织行为的影响因素可分为两类：个人因素与组织因素。

个人因素包括人的个性、动机、情绪、自我控制等。员工中的易焦虑、易被激怒、易沮丧者容易产生负面组织行为；能自我控制者，如有责任感、可靠、个性积极的员工较少负面组织行为。

组织因素包括组织氛围，如果出现压抑的组织情境就会诱发负面组织行为。同样，当员工产生低的工作满意度、有挫折感时，也会诱发负面组织行为。

4. 负面组织行为的干预措施

对负面组织行为的心理干预可从两方面进行，一方面是从个人因素层面采取措施，另一方面是从组织层面采取措施。

个人因素层面的干预措施，主要是对员工进行个人修养、责任意识的培训，让员工学会道德自律、稳定情绪、不轻易发怒，培养员工高的组织公民行为倾向。

组织因素层面的干预措施，通常有高效的工作流程、严格的管理制度、合理有效的激励分配制度、人性化的关怀、清晰而有价值的组织发展目标、积极健康向上的组织文化。预防为主，早发现、早处理是基本原则。另外，组织在招募人员时，也需要对员工的个性、价值观、品德、行为习惯做深入了解，把不符合组织要求的人关在门外，就可以在大大减少负面组织行为的发生。

五、学习型组织的理论与实践

（一）学习型组织的学习内容

学习型组织的学习内容就是圣吉提出的五项修炼。五项修炼实际上就是五项技能，这是人一生要学习与实践的计划内容，其中包括：

建立共同愿景是针对我们想创造的未来以及我们希望据以达到目标的原则和实践方法，发展出共同愿景，并且激起大家对共同愿景的承诺与奉献精神。

自我超越是指学习如何扩展个人的能力，得到我们想要的结果，并且塑造出一种组织环境，鼓励所有的成员自我发展实现自己选择的目标和愿景。

改善心智模式这是指要持续不断地澄清、反省以及改进我们内在世界的图像，并且检视内在图像如何影响我们的行动与决策。

团队学习是指转换对话及集体思考的技巧，让群体发展出超乎个人才华总和的伟大知识和能力。

系统思考是指思考及形容了解行为系统之的方式，帮助我们看清如何才能更有效地改变系统以及如何与自然级经济世界中最大的流程相调和。

（二）愿景的概念

愿景包含两层意思，即愿望与远景。"愿景"一词英语中为 Vision，等同于拉丁文 Videre，是指我们想要的未来图像、价值观、如何达到的目的地、目的和使命、组织存在的理由等。愿景可定义为体现组织未来发展的远大目标、组织成员的共同愿望。愿景与目标是有联系的，但也存在着差别，因为目标通常是短期内要达到的境地或标准，而愿景的内涵包含着以下三项特征：

1. 组织存在的使命或组织的目标

对组织使命的正确理解是构造组织发展规划和建立共同愿景的前提。我们经常要问，组织为什么要存在于这个社会中？若组织的价值观完全不同，会对此做出完全不同的回答。比如有的组织选择最大利润管理法，即一切为了利润；有的组织选择生活质量管理法，即既为了利润，同时也关心职工的生活福利。

2. 组织未来发展的规划

愿景一词意味着看见、激发组织成员的"深层的热望"，即具有对组织成员的激励作用。愿景要具有高层次的价值观念，如果层次较低，缺乏崇高理想，仅是单纯追求利润、实现个人利益最大化，就会丧失自我超越的能力。在一个组织未来发展的规划中要有共同愿景的明确表述，即一个组织需要"愿景宣言"式的组织宗旨。

3. 组织达到目标的手段

组织的愿景宣言上写些什么，即表示组织将通过什么样的手段来达到目标。一般说来，手段与价值观是紧密相连的，弄虚作假的销售手段是一种不正确的价值观（单纯追求利润）的反映，而在公司的愿景宣言中将诸如"松下精神""惠普精神"等具体内容加以明确，是较高价值观的反映。

（三）个人愿景与共同愿景的协调与认同

学习型组织要求其成员对于共同愿景有认同，并要求个人愿景与共同愿景相协调。事实上，员工对组织的共同愿景的认同程度是有很大差别的，彼得·圣吉将其区分为七个层级的态度，从最强烈的奉献到最不关心的冷漠，其中间还有投入、真正遵从、适度遵从、勉强遵从和不遵从五个等级。直观的排列为：

最强烈的奉献

投入

真正遵从

适度遵从

勉强遵从

不遵从

冷漠

心理学家弗洛伊德认为，"认同"是群体内聚力的一种最根本的机制，"一个群体成员之间的相互联结，其本质就是这种认同，它是以情感上的某些重要的共同品质为基础的"。"认同"表示一种特殊的情绪，有利于增强群体内聚力。美国心理学家、认知心理学的奠基 H. 西蒙在《管理行为—管理组织决策过程的研究》一书中还提到，"一个人在做决策时对备选方案的评价，如果是以这些方案给群体造成的后果为依据的，我们就说那个人与那个特定群体认同了"。

总之，组织成员要有共同目标，并且要认同这一共同目标，这是建立共同愿景的根本前提。

（四）五项修炼的内涵及其操作方法

1. 建立共同愿景的策略、方法、技巧

具体实施共同愿景的方法与技巧有以下几种：

（1）以个人愿景为组织共同愿景的基础。

（2）平等对待每一个人并彼此尊重。

（3）寻求相互合作，休戚与共，而不是意见一致。

（4）每个人的意见只代表自己。

（5）避免"抽样"。

（6）用过渡愿景鼓舞士气——愿景具体化与阶段化，让人见到可行性前景。

（7）以团队学习为基本形式，提炼组织的愿景宣言。

2. 自我超越的修炼及其操作方法

（1）自我超越的意义

一些人认为，人有惰性和对事物的消极态度，常常对生命抱无所谓的态度，得过且过、无所用心。对此，一些公司的高层领导表示不敢苟同。如赫门米勒公司的总裁塞蒙认为，为什么工作不能够是我们生命中美好的事情？为什么我们把工作看作是一件不得不做的事情，而未能珍惜和赞美它？为什么工作不能够是人们终其一生的道德与价值观以及表现人文关怀与艺术的基石？为什么人们不能从工作中体会事务设计的美，感受过程的美，并试着欣赏可持之恒久的价值之美？我们相信这些都是工作本身具有的，这无疑是一种崇高的境界、理想的境界。

自我超越的意义就是要让人们通过工作活出生命的意义。

（2）自我超越的理论基础

自我超越的理论基础就是马斯洛的自我实现理论和赫茨伯格的双因素理论，而且自我超越是一种积极理性的，强化了自我实现需要和激励因素的理论。众所周知，马斯洛的需要层次论中的最高层次为自我实现需要，而赫茨伯格的激励保健因素中更注意激励因素的作用。自我超越就是更加强调人的自我实现需要与激励因素的激励作用。

由于传统组织的设计只是为了满足马斯洛所主张的人类需求层次中的最初两个层次：生理需要、安全需要和爱的需要，也就是满足了个人温饱和归属需要。如果组织仅能做到这一点（事实上在工业社会中，到处都可以满足这些需求），而不能提供任何独特的东西，那么，员工也不会以忠诚及奉献来回报。如果组织强调更高层次的需求即自尊与自我实现，那么员工就会以忠诚的奉献来回报组织。

学习型组织将组织成员的愿景放在极其重要的地位，并以"活出生命的意义"作为工作的真谛。由此可见，学习型组织是真正的"以人为本"的组织。只有自我超越层次高的人才能将经验与外在世界联成一体，自然而然地形成一个更宽阔的愿景。

（3）自我超越的方法

自我超越涉及人的价值观、人生哲学。建立个人愿景是自我超越的前提，它为自我超越设置"上层目标"，这使人生哲学与生命价值获得具体的体现。

自我超越修炼的重要方式是保持创造性张力。创造性张力是指当你的愿景与你的现状之间存在差距，就会使你产生一种力量，促使你努力去实现愿景。愿景应有动态性，就是根据情况不断调整，建立新的更高的愿景。

对组织而言，领导者要身体力行，走在其他员工的前面。自我超越需要组织投入时间、精力、智慧，设计新的组织架构。如果在一个公司里流行的价值观是一个人的权力越大、越优秀，在公司中扶摇直上升得很快，这就代表着成功，那么，在这种价值观支配下就会助长往上爬的心理，同时会扼杀所有员工价值观和个性的成长。从自我超越的观点看，应该抛弃这种旧的价值观，建立以下新的价值观：讲究功绩至上，不论身份如何，主要看决策能否取得最好成果；对外开放，向股东报告经营实效，向内部员工也开放，推动开放式讨论的技巧，提倡自主精神，低层人员有能力自己做出决策的，高层人员应该主动授权，而不是包办代替。只有在新型的组织架构下，员工才有可能实现自我超越。

终身学习是自我超越的修炼所必需的。活到老、学到老，要想保持不断的自我超越，就要终身学习，学习新的理念、新的知识。当前，不学习者不仅不能自我超越，赶上潮流都是不可能的，而迎合潮流者也不能算超越者，只有那些走在时代前面者，才能算是真正的自我超越者。

（五）改善心智模式的修炼及其操作方法

1. 什么是心智模式

出生在苏格兰爱丁堡的英国心理学家克雷克（KennethCraik）首先应用了"心智模式"一词，后成为认知心理学家所使用企业经理人员所惯用的名词。认知科学中，心智模式是指人们的长期记忆中隐含的关于世界的心灵地图，是深植于我们心灵的各种图像、假设和故事。在日常推理的过程中，一些短暂的理解，日常生活中的短暂的心智模式变化，日积月累，会逐渐成为有长期影响的根深蒂固的理念甚至信念。

我们可以这样定义心智模式，即每一个人理解与看待周围事物的思维模式。它是在长期的生活、工作、学习中形成的，并以价值观与世界观为基础。此外，我们也可以定义组织的心智模式是由组织领导层的心智模式以及组织成员的心智模式所组成的。

心智模式从心理学上讲就是人的思维定式。思维定式不易改变，因而心智模式具有顽固性，是"隐在暗处的一块顽石"。它也像一块玻璃微妙地扭曲了我们的视野，影响着我们对世界的看法。

2. 改善心智模式的意义

心智模式能否得到改善，思维定势能否得到突破，这是关系到一个组织的素质能否得到提高的大事，事关组织的决策是否正确，组织的凝聚力是否加强，组织的学习能力能否提高。

（1）心智模式与组织决策

决策的主观依据是决策者的经验偏好、观念，最根本的也就是决策者的心智模式。如果组织领导层和成员的心智模式停留在计划经济时代的心理定式上，那么面对市场经济的大潮，就无法做出相应的正确决策。

（2）心智模式与组织的凝聚力

奥布赖恩认为，传统权威组织的信条是管理、组织与控制；而学习型组织的信条将是建立共同愿景、价值观与心智模式的完善。健康的企业将是一个能够以整体的方式把人们汇集起来，为现在所面对的任何状况，发展出最完善的心智模式的公司。组织与个人的愿景的融合，需要有磨合过程，这在很大程度上取决于组织成员，特别是领导者的心智模式。显然，没有完善的心智模式的组织，其组织凝聚力较低；反之，完善的心智模式会促使组织凝聚力的极大提高。

（3）心智模式与组织的学习能力

改善心智模式本身就是一种学习，是学习的学习，怎样学习的学习。心智模式得到改善时，学习能力就能获得提高。尽管我国的各级组织都有学习制度，组织领导与成员定时进行学习，但学习中不触及心智模式的改善，因而形式主义的学习其效果甚差。

3. 改善心智模式的方法心智模式的检视

这项修炼的核心任务，就是要让心智模式浮出"水面"，让我们在不自我防卫的情况下，讨论心智模式，帮助我们看见挡在眼前的玻璃，认清心智模式对我们的影响，并且找到改造玻璃镜片的方式，创造出更适合我们的心智模式。具体操作时，首先要了解、反思自己的心智模式，其中包括反思与探寻两阶段。反思是指对于个人思考过程的仔细考查，也就是"放慢思考过程"，用慢镜头仔细审视自己的结论、决策是如何形成的，心智模式如何影响自己的决策与行动。探寻技巧是指如何同别人进行面对面的讨论，探究我们的思维方式，发掘哪些是隐含的心智模式、原有的思维定式。

人们在日常工作与生活中往往会根据自己的信念、经验和可以观察到的原始资料决定采取其某种行动，而对于中间的推论过程则会飞快地跳跃过去而无所意识和忽略掉。这样就会引起误导，产生不良后果。这一现象被称为人的习惯性思维或称跳跃式思维或推论。

检验心智模式的程序可归纳为：

对自己的推论过程进行反思，让推论过程"透明化"，并仔细加以分析。

在团队学习或一般讨论中，说明自己的推论过程。

探询别人的推论过程。

（六）系统思考的修炼及其操作方法

1. 系统思考的基本观点

管理组织理论中的系统学派早已指出，研究组织必须采用系统的方法，把组织看作是一个开放的社会系统，强调组织的整体系统观。

圣吉进一步认为，系统思考修炼的精义在于心灵的转换，我们思考事物的因果关系时，要观察环状因果的互动关系，而不是线段式的因果关系；我们要观察一连串的变化过程，而不是片段的、一个一个的个别事件。学习组织特别强调系统的结构性，其中包括事件层次、行为变化形态层次、系统结构层次三个方面。事件层次为最浅显的层次，其只关注事件本身不探究身后的原因。站在事件层次的立场上，所采用的观点为"只要采取反应式的行为"。行为变化形态层次则要求探讨长期变化趋势，注重考察行为规律，重视事件背后的原因。站在行为变化形态层次的立场上，所采取的观点为"要能顺应变动中的趋势"。系统结构层次为最深的层次，深层结构决定了行为的变化。站在系统结构层次的立场上，所采取的观点为"要改造行为的变化形态"。

上述的系统结构决定了系统的运行机制，重新设计了我们做决策的方式，等于重新设计了系统结构。

2. 系统思考的动态观

（1）时间延滞的动态观

这里突出强调系统运行中的时间延滞的作用。例如，一项投资从决策到完成需要2~6年，有的大型基本建设工程甚至要历经数十年。

（2）正反馈的影响

正反馈的含义是指不断增强的回馈（ReinforcingFeedback）正反馈的影响可以是正面的，也可以是负面的，所以说，正反馈也为"双刃剑"。

（3）负反馈的影响

负反馈的含义是指反复调节的回馈（BalancingFeedback）这是经过反复调节的反馈，是促使系统趋向稳定的一种机制。

3. 应用系统基模

创新顾问公司在20世纪80年代中期发展了多种系统基模（Archetype），这是一种用简明扼要的模型描绘常见行为模式的方式。这里我们只介绍一种基模——"成长上限"系统基模及其应用。

"成长上限"系统基模表明，其一边是成长增强过程，其中促进成长的因素使成长加速；另一边为调节和抑制环路，当成长到一定程度达到了所设置的上限时，抑制成长的因素开始起作用，使成长过程减缓，甚至停止。

4. 五项修炼的相互关系

要求管理者用系统观点考察组织内部与外部世界，从而获得深刻的洞察力。

五项修炼的实质是要提升组织的素质，所以组织要不断地学习，不断地提高自身的学习能力。

共同愿景、自我超越、心智模式、团队学习、系统思考这五个概念并非圣吉所创造，每项修炼的内容也可以单独进行。但是，学习型组织要求将五项修炼整合起来，作为组织修炼的整体加以推进，并加以重点突破。

（七）学习型组织的评价

1. 学习型组织是一种新的管理模式

与传统组织相比，学习型组织是一种新的管理模式，因其在管理理念、组织特点、管理重心、学习特点等方面都具有先进性。

2. 学习型组织的新特点

新型组织中强调横向联系与沟通，强调授权，以提高对外部环境的适应性。位于较高等级职位的管理者不再扮演监督与控制的角色，而是转而成为支持、协调和激励的角色。

新型组织中应以成员的自主管理为导向，成员自主计划、决策与协调。为此，员工决策的范围远比参与民主管理的员工的决策范围广泛得多。

新型组织应具备较强的自我学习能力。较强的自我学习能力是组织在动态复杂环境中维持生存、求得发展的必要条件。

新型组织富有弹性，反应灵活。知识、技术与信息在新组织中占主导地位，强调时间与速度的竞争。

（1）学习型组织的特点——扁平化

传统组织是高耸型科层组织，其特点是多层化，组织决策层的决策要通过多级中间管理层传递至操作层。

而学习型组织的特点是扁平化，组织决策层的决策不需要通过中间管理层而直接传递至操作层。这种由多层化向互动扁平化的转变，被称为中层管理的革命。

美国 GE 公司在企业中推行学习型组织，首先实行组织扁平化，将组织中的管理机构由 12 层精简至四层。该公司 12 年里由于实行了组织扁平化，销售收入增长了两倍半，税后利润翻了三番。

（2）学习型组织中的领导者与被领导者的特征

学习型组织领导者的角色与其在传统组织中的角色明显不同。

学习型组织中领导者的角色为：最优系统的设计者；共同愿景的执行者；一个好教练（组织、协调者）。

（3）学习型组织中的学习

学习型组织中的学习要坚守两个方向：工作学习化、学习工作化。

工作学习化是指工作过程就是学习过程；学习工作化是指学习过程也要联系工作过程来理解与掌握。

由此可见，学习型组织的学习是将工作与学习紧密联系起来，而不是将工作与学习割裂开来。

3. 学习型组织的新启示

学习型组织给人们的新启示是：管理理论与实践将更加"心理学化"。这具体表现为：加深了对人性实质的看法。如五项修炼中提出的"活出生命的意义""自我超越等"主动创造等，而不是人对环境的机械适应，学习型组织使人的需要的最高层次——自我实现得以具体化和付诸实践。

强调组织内部人际关系的协调发展。在学习型组织中强调在个人愿景的基础上建立共同愿景。管理者与被管理者站在同一条战线上，是平等而非对立关系，组织内部的各类人员都应该协调发展，具有高境界和自我超越的现实可能性。

强调组织内部价值观的重要作用。学习型组织中要在共同愿景基础上形成相当一致的价值观。由此，组织成员的认知、情感、行为达到一致。

强调思维方式要有系统观与系统动力学的应用。人们习惯于线性因果关系的直觉思维，而学习型组织强调系统的结构—环状系统基模以及系统运行中的时间延滞——行动与结果间的时间差距。在系统思维中要注意正负反馈的不同调节方式。

强调只有通过修炼才能延长组织的生命周期。管理理论与实践更加强调以人为本的管理，更加深入到组织成员的微观心理层面共同愿景、心智模式、系统思维等，只有解决了这些问题，才能延长组织的生命周期。

第二节 人力资源管理心理学

一、人力资源管理心理学的概述

现如今是一个充满机遇和挑战的时代，是一个优胜劣汰、适者生存的时代，是人力资源竞争的时代。全球企业界比以往任何时候都明白，人是保持竞争优势中最大的和最为关键的资源。作为一种资源，人区别于任何其他类型的资源。人有生命、有思想、有情感、有创造力，他是生产力中最活跃的因素，最宝贵的资源。但是，人只有在特定条件下，才能最大限度地发挥出自身的潜力。因此，如何开发和利用人的资源、激发出人的最大潜能，并将人的潜能与组织绩效有效地整合起来，无疑是当前人力资源管理心理学研究者和实践者所面临的最大挑战。

（一）研究对象

人力资源管理心理学，在传统上被我们称之为人事心理学 (Personnel Psychology) 人事心理学是一门研究人事管理活动与人力资源开发中各种心理现象及其规律的学科。但也有人认为它是一门将心理学的研究成果和理论运用于组织人事管理领域的学科。事实上，这两种表述恰好表明了学术界在人事心理学概念上的分野。

支持前者的学者是从心理学的角度来界定人事心理学的概念，他们通常认为人事心理学是心理学的一门分支，只是它研究的对象是人事管理领域中的心理活动行为发生与发展规律。而支持后者的学者则是从人事管理的角度来界定人事心理学的概念，他们着重强调心理学知识、方法在人事管理领域中的应用。前者强调的是研究对象的特殊性，后者强调的是学科知识和学科方法的应用性。

概念上的分野反映了人事心理学这门学科的二重性。首先，人事管理心理学是一门基础理论科学。作为一门基础理论科学，它必然要去研究和揭示人事管理者—特殊领域中所表现出来的心理与行为的规律。其次，人事管理心理学又是一门应用学科。作为一门应用学科，它必然要服务于管理实践的需要。因此，致力于心理学研究成果和理论在人事管理领域中的应用，也是该门学科的重要任务之一。毋庸置疑的是，该学科是心理学与人事管理学的结合，它既是心理学的分支又是人事管理学的分支。

随着学科的发展，人事管理逐渐被人力资源管理所取代。人事管理与人力资源管理最主要的区别在于：前者所关注的仅仅是如何根据组织目标来使用人；而后者则不仅仅考虑到组织目标的实现，同时还兼顾到个人目标的达成，它考虑到的是组织整体与组织成员的共同发展。人事管理在概念上的演进，表明了人事管理的职能范围和外延的扩大。

"人事管理学"这一概念让位于"人力资源管理学"已经成为一种趋势。目前，人事心理学的研究领域也扩展到整个人力资源的范围，如果再继续使用人事心理学这一学科概念必然会缩小该学科的外延，最终会阻碍该学科的发展。鉴于此，在本书中，我们提出人力资源管理心理学这一学科的概念，以作为传统人事心理学概念上的发展。在这里，我们将人力资源管理心理学的概念界定为一门研究人力资源管理与开发活动中人的心理活动和行为规律，并致力于将心理学的研究成果和理论应用于人力资源管理实践的学科。

（二）现代人力资源管理和传统人事管理的区别

现代人力资源管理与传统人事管理的区别在过去，人力资源管理与人事管理混为一谈，其实，二者的范围、功能和目标都有所不同。现代人力资源管理，深受经济竞争环境、技术发展环境和国家法律及政府政策的影响。作为近 20 年来出现的一个崭新的和重要的管理学领域，它已经远远超出了传统人事管理的范畴。具体说来，二者存在以下一些区别：

传统人事管理的特点是以"事"为中心，只见"事"，不见"人"，只见人或事的某一方面，而不见人与事的整体和系统，强调"事"的单一方面的静态控制和管理，其管理的形式和目的是"控制人"；而现代人力资源管理以"人"为核心，强调动态地对心理、意识和潜能的调节和开发，管理的根本出发点是"着眼于人"，其管理归结于人与事的系统优化，致使企业取得最佳的社会和经济效益。

传统人事管理把人作为一种成本，将人看作是一种"工具"，注重的是投入、使用和控制。而现代人力资源管理把人作为一种"资源"，注重产出和开发。是"工具"，你可以随意控制它、使用它；是"资源"，特别是把人作为一种资源，你就得小心保护它、引导它、开发它。难怪有学者提出：重视人的资源性的管理，并且认为 21 世纪的管理哲学是"只有真正解放了被管理者，才能最终解放管理者自己"。

传统人事管理是某一职能部门单独使用的工具，似乎与其他职能部门的关系不大，但现代人力资源管理却与此截然不同。实施人力资源管理职能的各组织中的人事部门逐渐成为决策部门的重要伙伴，从而提高了人事部门在决策中的地位。人力资源管理涉及企业的每一个管理者，现代的管理人员应该明确：他们既是部门的业务经理，也是这个部门的人力资源经理。人力资源管理部门的主要职责在于制定人力资源规划、开发政策，侧重于人的潜能开发和培训，同时培训其他职能经理或管理者，提高他们对人的管理水平和素质。所以说，企业的每一个管理者，不单完成企业的生产、销售目标，还要培养一支为实现企业组织目标能够打硬仗的员工队伍。

总的来说，人事管理比较传统、保守、被动、狭隘，而人力资源管理则是积极主动的，具有策略性、前瞻性、广泛性和渗透性；传统人事管理的功能多为行政性的业务，如招聘、薪资、档案管理等，人力资源管理则参与制定策略、进行人力资源规划、塑造企业环境等。人力资源部实际上是一个决策型的服务部门。人力资源部的职责是为企业发掘优秀员工，不仅要发现人才，更重要的是培养人才，使每个人才都工作在最适合的岗位上，同时，为企业创造积极向上、团结敬业的工作环境，提高工作效率。

（三）学科内容

人力资源管理活动通常包括：工作分析、人员招聘、人员培训、绩效考评、绩效管理、薪酬管理等职能。人力资源管理心理学的研究内容也主要表现在这些方面。

1. 人员招聘心理

招聘新人并加以任用是人力资源管理的重要职能之一。招聘通常包括工作分析和人员甄选。首先，工作分析的目的在于确定所招聘的岗位需要的是什么样的人，也就是确定对招聘对象的要求。这些要求通常包括人的知识、技能、态度等方面的特性。其次，招聘还需要从候选人中将符合岗位要求的人甄选出来。而这些工作都离不开心理学知识、理论和方法的应用。所以，人员招聘心理是人力资源管理心理学的重要研究内容之一。

工作分析与人员甄选的目标在于实现"人—职"的最佳匹配。所谓"人—职"匹配就是每一个工作岗位都必须安排一个适合的人选，每一个人都能被安排到最适合的岗位上去。"人—职"匹配有助于个人潜能的充分发挥和组织绩效的最优化。

2. 人员培训心理

人力资源管理之所以区别于人事管理，就在于它除了考虑组织的发展之外，还考虑到组织整体与员工个体的协同发展。事实上，组织整体的发展和员工个体的发展是相互促进的关系。组织稳定、良好的发展，有助于员工个体的成长；而组织是由个体构成，个体在能力、知识和技能上的长进，某种意义上也是组织素质的提升，其整体竞争力必然会得到加强。

知识经济时代已经到来，信息、知识和技能的更新速度越来越快，唯有不断地学习，我们才能跟上时代的脚步。否则，无论个体还是组织，都会被市场无情地淘汰。所以，人员的培训在人力资源管理中的作用越来越重要。在人力资源管理心理学中，这部分主要探讨的是学习心理学在培训中的应用。目的是希望能够设计出符合员工心理特点和心理需求的培训课程。

3. 绩效管理与绩效考评心理

组织管理的核心是对人的管理，人的管理核心是对个人绩效的管理，而绩效管理的核心是公平与效率。如何使员工获得公平的感觉，并使企业管理实现最大化效率，这就需要客观、公平的考核与评价。良好的工作绩效是所有企业追求的重要目标之一。企业要去的好的绩效，必须要有效地管理员工的工作绩效。虽然考核与评价的内容与方法不同，但其目的都是为了更好地安置人员，确定薪资等级和职务晋升以及是否需要进行进一步的培训。

绩效管理和绩效考评并不是一件很轻松的事情，然而绩效管理和绩效考评对于组织来说是如此的重要以致我们不得不做这件事。因此，人力资源管理心理学家不得不去思考诸如下面的问题：如何利用心理学的知识、理论和方法去客观地考评员工的绩效？如何通过科学的绩效管理程序去获得我们想达到而又非常难以达成的公平与效率的目标？

4. 薪资与福利管理心理

人力资源管理心理学家也探讨组织的报酬制度和薪金结构是否合理，是否能有效激励员工和实现组织目标。为解决这些问题，心理学要研究报酬与动机、奖惩与行为的关系。在客观而公平的绩效考评基础上，如何适当地通过奖励或惩罚的手段来达到激励员工努力工作的目的？薪酬究竟如何设计才能激发出人的积极性，并达到最佳激励效果？这些问题也都是人力资源管理心理学家们所关注的问题。

薪酬一般包括薪资和福利，而薪资和福利都有很多种表现形式，这些不同的形式，相互组合就构成了报酬度或薪酬体系。因此，从激励角度出发来探讨薪资和福利的心理效应，也是人力资源管理心理学的重要研究内容之一。

5. 沟通与冲突管理心理

沟通是贯穿整个人力资源管理工作的一条主线。人力资源管理中所有工作都离不开良好的沟通。员工之间人际关系的改善、密切干群关系的建立、组织目标的有效传达、员工对组织管理意见的反馈以及组织对员工态度和士气的及时了解等等，随时对地都可看见沟通的影子。

缺乏有效的沟通，其结果之一就是冲突的产生。那么冲突是什么，如何产生的，影响又如何，如何化解，如何管理，等等。这些问题时刻困扰着人力资源管理工作者和人力资源管理心理学的研究者。

6. 员工心理保健

要维持一个组织的正常运转，必须要有一群健康的和充满生机活力的员工。目前，健康不只是没有生理方面的疾病。根据世界卫生组织 1987 年宪章的定义，健康是"保持生理、心理、社会能力的良好状态"。

目前，人们的工作负荷越来越重，而人与人之间的竞争也越来越激烈，因此，现在的人们很容易产生挫折感和压力感。如果人们这种紧张的情绪得不到释放，那么很容易造成恶劣的后果。比如人际冲突、工作中的意外事故，即使没有严重的后果，过分的紧张感也会影响到人们工作的积极性和创造力。因此，现在的人力资源管理工作者越来越重视轻松和谐的工作环境的塑造和员工的心理保健工作。因此，如何面对挫折，如何减压，如何创造出一个高绩效和富有创造力的工作环境，也是人力资源管理心理学研究的重要课题之一。而其中职业压力管理和员工帮助计划越来越为人力资源管理实践者们所关注。

7. 跨文化下的人力资源管理心理

跨文化又称交叉文化，它关注的是不同文化背景下的个体在行为和心理特征上的差异以及这些差异如何影响人与人之间的关系。随着全球经济一体化的推进，跨文化差异所带来的一系列挑战对人力资源管理的影响越来越明显。比如，跨国公司如何选派海外管理人员，如何进行跨文化培训，如何确定外派人员和海外分公司员工的薪资，如何对外派人员的业绩进行考核，如何解决外派人员与当地员工之间的文化冲突。总之，跨文化人力资源管理中，有一系列心理和行为问题以及这些问题所带来的影响等着研究者和实践者们去思考和解决。

（四）学科目的

人力资源管理心理学作为一门科学，其学科研究的目的是什么？诚然，研究最根本的目的就是为了揭示人力资源管理活动中心的心理和行为规律，发展本学科理论，应用学科知识提高人力资源管理效能，并促使组织整体和员工个体获得共同发展。根据研究层次的差异，我们认为人力资源管理心理学研究有如下四个目的。

1. 描述

人力资源心理学研究第一个层次的目的就是对人力资源管理过程中的心理现象和行为规律进行系统的描述。在解释预测和控制人的行为之前，我们首先要能够客观、准确地描述出所观察到的现象。比如，我们观察到某个员工对主管不满，作为研究者，就应该用客观的语言描述出来或记录下来。对于一个科学研究，描述看起来似乎不是最重要的，但它却是任何一个研究的开始，是任何科学研究都不可缺少的前提。

2. 解释

第二个层次的研究目的是解释。也就是说，要能对已经发生的现象进行解释。任何完善的理论现象进行解释。任何完善的理论，除了具有描述性功能之外，还应具备一定的解释性功能。只有找出原因，才能进一步预测和控制现象的发生。

3. 预测

预测是在观察、经验和推理的基础上对未来可能发生的事情进行推测。预测在实践和理论上都很重要。这也是人力资源管理心理学的第三个层次的研究目的。

预测可能是一柄双刃剑。过高或过低的预测，都会导致错误的判断，从而背离了预测的最初目的。生活中，这种现象非常多。用得好，可以有效地达到激励作用；而不当的预测，比如悲观的预测，可能会产生恶劣的结果。不过，预测不是最终目的，最终目的是在适当的时候对未来要发生的行为施加一些控制，以符合人们的期望。

4. 控制

控制是科学研究第四个层次的目的，也是最高层次的目的。科学家可以去尝试控制自己的行为，也可以帮助人们去控制他们自身的行为。但控制可能会有负面的影响，控制的方法一旦被用心不良的人所利用并加以操纵人们的心理或行为，那必定是件很糟糕的事情。如果用得好的话，将有助于我们达成目标。此外，通过行为和心理控制，还可以帮助我们改变一些不良习惯，避免出现我们不期望的行为或心理现象。

（五）研究作用

作为心理学和人力资源管理的交叉学科，人力资源管理心理学的发展有助于推动心理学和人力资源管理学这两门学科的学科体系、学科内容、学科理论的发展。除此之外，还有助于改善人力资源管理中的实践工作。具体来说，作用主要是如下四种。

1. 有助于扩大心理学的应用范围

虽然科学心理学的诞生仅仅是一百余年，但自科学心理学诞生之后就受到了各方面的重视，并很快被应用到各个领域中去。根据应用对象的差异，人们将心理学划分为多个分支，比如：教育心理学、军事心理学、法律心理学、环境心理学、工业心理学、临床心理学等等。人力资源管理心理学是工业心理学下的一个小分支。该学科的一个重要任务就是将心理学的知识和理论应用到人力资源管理实践中去。

2. 有助于扩充人力资源管理的知识和理论

传统的人力资源管理（人事管理），主要是以制度和规范管理为主。一个熟悉人事制度或人事规范的人，通常就会被认为是一个优秀的人事管理人员。我们知道，人力资源管理的对象是人，人的心理与行为是无法完全用制度来规范的。因此，无论法规的体系如何完整，内容如何充实，均不能单靠法规来解决各种人力资源管理中的问题。要想妥善解决这些问题，除了制定人力资源管理法规之外，还需要借助于心理学的知识来弥补传统人事法规的不足。

3. 有助于拓展人力资源管理的领域

传统的人力资源管理都是静态的、表面的、限定的人事管理。比如，根据员工的各种证件确定其资历，根据其服务的年限与资历确定其应得的报酬与奖赏，这是静态的管理；根据员工外在的行为，核定其应有的奖惩，以考核分数代表其工作成效的大小，这是表面的管理；对员工的行为加以约束，对其工作量加以规定，使员工的潜能无法充分发挥，这是限定的管理。但自从心理学应用到传统的人力资源管理中之后，无形之中就扩大了传统的人力资源管理的领域，使其从静态的、外表的、限定的人事管理拓展到动态的、深层的、发展的人力资源管理。

4. 有助于改善人力资源管理的实践

研究人力资源管理心理学的主要目的是要改善人力资源管理的实践，使员工高效率和高质量地完成所交付的任务。除此之外，还应该让员工感受到自己的聪明才智在工作中得到了充分的发挥，自己的工作和生活充满了意义，未来的发展可以预期，从而使员工的心理需要获得最大的满足。如果单靠人事制度或规范，是很难达到这一目的的。因此，我们必须要借助于人力资源管理心理学的研究来改善人力资源管理的实践工作。

（六）人力资源管理心理学的作用

1. 人力资源管理心理学内涵

从当前看来，我国心理学的个体咨询和企业运用普及程度都远不及发达国家。但现在的中国正处在社会转型和经济转轨的重大时期。一面是几千年的传统文化还没来得及梳理，一面是全球化的压力和挑战，让面临复杂、集中和巨大变革的中国人承受了高强度的心理压力。现今的中国人比任何一个国家都需要心理援助。因而重视和加强员工的压力和情绪管理，关注和维护员工的心理健康，是贯彻落实党中央以人为本的科学发展观的体现。首先，心理资本转变了组织员工招聘与选拔的方式。积极健康的心理是一种资本，其对企业、对员工都产生了一定的影响。从冯特在1879年德国莱比锡大学建立世界第一个心理学实验室开始，越来越多人对心理学这个领域进行有系统科学的研究。人力资源管理心理学作为心理学的一个重要分支，也受到了许多人关注，直至现在人事心理学的理论体系日趋完善。人们越来越认识到，在经济生活和管理领域的行动和改革时，都与人事心理学有密切的联系。在人力资源管理中，人力资源战略规划的制定，人员的招聘与选拔，员工的培训与开发，员工的绩效和薪酬管理，这些事情想科学合理有系统的设计和实行，都离不开人事心理学的原理和方法。正是在这个意义上，越来越多的人把人力资源管理与人事心理学作为现代管理的支柱，在人力资源管理与人事心理学知识和理论基础上，把两者结合起来，运用到企业的人力资源管理当中，使人力资源的管理更加有效、科学，使员工的工作更加有效率、更加安全。

2. 人力资源管理心理学的目的

研究和开发人力资源的目的，是为了有效地开发和运用"人力"，即人的劳动能力和社会活动能力。合理科学的人力资源管理，能充分发挥员工的积极性、主动性与创造性，能让公司建立核心的竞争力获得竞争优势。而有效地人力资源管理离不开人事心理学的理论和方法，人事心理学在人力资源中起着不可替代的作用，从劳动的角度，应用人事心理学的理论知识能让工作更有效率更安全。每个人的身体特征与生理值是不一样的，与人发生联系的各种装备每个行业也更不相同，人事心理学通过大量的研究和实践，能为人力资源管理者提供相关的知识，使员工在更安全的环境工作并且更有效率。从人的角度，应用人事心理学更能维护个体心理健康。人的认知、能力、个性、经验、性别、年龄等因素是有差异的，应用人事心理学的知识，可以让人力资源管理者更加关注每一个员工，避免员工受到生理或心理上的伤害。从环境角度，应用人事心理学能为员工营造一个更加积极、安全的环境。员工工作时，不仅需要适合的温度、湿度、光照，还需要一个和谐稳定的工作氛围。人事心理学的知识能让人力资源管理者为员工提供一个良好的物理和人文环境。

3. 人力资源管理心理学的作用

通过实践证明，在企业人力资源管理中，如果只是单纯依靠人际关系是不够的，如何使组织的绩效和员工的满意度同时达到最优已成为人力资源管理的终极目的。因此，首先必须加强对个体心理健康的维护，现代社会员工的职业压力与心理健康水平对组织的影响越来越多地受到关注，如何建立员工的安全感以保持员工心理健康就显得尤为重要，这也是心理学在人力资源管理领域的自然延伸。此外，还有个体职业生涯规划中起到一定作用，职业生涯设计是每个人都要面临的问题。职业生涯设计可以用公式表示为：职业生涯设计 = 评估自身 + 评估现实环境 + 找出接合点。实践表明，人力资源管理最难解决的其实还是人的心理问题，由于心理学能更科学地预测人的行为发展趋势并进行相应的引导与控制，因而，心理学在今后的人力资源管理研究中仍将占据重要的位置。

4. 心理学在人力资源管理各模块上的应用

人力资源规划。人的心理动机是要趋利避害的。人力资源工作者，在准备进行人力资源规划工作时，应该充分了解企业内部各种成员的心理需求和动机，避免工作效果不好。

员工招聘与配置。招聘工作中涉及几个方面的人员：公司最高管理层、用人部门负责人、人力资源部门招聘负责人、候选人，这些人在招聘过程中的心理诉求有共同的方面也有不同的方面。实际工作中应考虑到各方的心理诉求。

员工培训与开发。企业一直在提倡建立学习型组织，因为企业作为一个组织，也如一个生命体一样，需要不断的成长与发展，才能保有竞争力，才能在优胜劣汰的市场中居于不败之地。学习型组织的建立，关键就是建立学习的氛围，围绕员工的培训与发展开展一系列的工作，而推进这一系列工作，我们需要关注的还是人的需求与动机问题。

薪酬管理。物质利益在大部分员工心理选择中居于首要地位。在设计薪酬体系时，除货币化激励方式外，非货币化的福利应该设计得丰富多彩，使其在整个薪酬中占有比较大的比例，从而保证员工的相对稳定。

绩效管理。绩效是企业赖以生存的物质基础，但要做到理想的绩效管理非常不易。绩效的主体是人，制定绩效目标时，注重员工的参与，主管和下属共同商讨绩效目标。注重平时的沟通与指导，让员工体会到上级的重视与支持和心理上感受到关注，体验个人实现的价值感。

劳动关系管理。现代企业管理中，开始越来越重视以人为中心开展工作，企业内部深入细致的分工，使得管理者需要投入更多的精力关系员工的心理感受，处理好各方面的员工关系，使组织成员能够在一种轻松和谐的氛围中创造价值。

现代人力资源管理，一般来说分为六大模块，心理学在这六大模块中发挥了重要作用。但是由于在中国，心理学的个体咨询和企业运用普及程度都远不及发达国家，心理学在管理中的发展潜力还有待于挖掘。因此，必须注重我国对心理学在管理中的开发及运用，从而可以更好地为企业创造很好的经济效益，发展优秀的企业文化。

二、人力资源管理心理学的学科性质

（一）学科地位

人力资源管理心理学是从工业与组织心理学中分化出来的。在我国，工业与组织心理学包括工程心理学、管理心理学、人事心理学、消费者心理学和劳动心理学。人力资源管理心理学是人事心理学概念的延伸，因此我们说人力资源管理心理学也是工业与组织心理学的分支，是工业与组织心理学的次专业领域。

1. 工程心理学

工程心理学也称人类功效学。管理通常有两个对象：一个是人，另一个是物。工程心理学研究的对象是"人—机"系统，研究的是如何使机械的设计更符合人的心理和生理特点。通过这些研究以最终使人机之间相互适应，从而提高工作效率或劳动生产率。从某种意义上说，工程心理学研究的是"人—物"的一面，不过这里"物"特指为"机器"。

2. 劳动心理学

劳动心理学，主要是从人与劳动工具和劳动环境的关系上来研究人的心理活动规律的学科。它研究的内容主要包括：疲劳问题；工作合理化，如生产流程、生产工具的改进和选择、活动的姿势和工作空间的布局、工作和休息的计划安排、工作环境（如，气温、湿度、通风、照明和颜色）的配置以及噪声问题；安全教育以及事故的预防措施；如何改善单调乏味的工种以及如何提高工作效率和满意感等。它研究的也是"人—物"的一面。

3. 消费心理学

消费心理学研究的是消费者心理以及行为的科学。它所研究的对象包括：消费者在消费过程中的一般心理特征；消费者在购买商品过程中的一般心理活动及其发展规律；影响消费者购买活动的自然因素和社会因素；消费者在吃、穿、住、行中的行为表现。

4. 管理心理学

管理心理学是研究企业中人的心理活动规律，用科学的方法改进管理工作，充分调动人积极性的一门科学。管理心理学的研究领域并不仅限于企业管理，往往还会涉及其他各种类型的组织，比如学校管理。其学科体系，国内学者通常之从个体心理、群体心理、领导心理和组织心理四个角度来叙述的。在某种程度上说，人力资源管理心理学与管理心理学有许多交叉的地方，比如都研究工作态度、满意等内容，而且从管理的内涵上说，人力资源管理心理学应该是管理心理学的一部分，我国部分学者是这样认为的。但人力资源管理心理学更侧重于组织中人力资源管理这一部分活动，它所关注的焦点往往是人员甄选心理、人员培训心理、绩效考评与绩效管理心理、薪资与福利管理心理、员工心理保健、组织沟通与冲突管理心理等等。着眼点在于"人—职"的最佳匹配、组织与员工的共同发展。而管理心理学更多关注的是个体、群体、领导和组织的心理，着眼点在于人员的激励问题上。

（二）学科特点

总的来说，人力资源心理学是一门综合性的交叉学科。首先，人力资源管理心理学是心理学和人力资源管理学相结合而派生出来的一门学科。它运用心理学的原理、方法和技术来研究人力资源管理情境中人的心理和行为规律。而且，除了揭示规律之外，它的一个重要任务便在于将心理学的知识应用到人力资源管理的实践中，以改善和提高人力资源管理的效能。所以，人力资源管理心理学既包括与人力资源管理部分有关的心理学，又包括与心理学部分有关的人力资源管理学。因此，人力资源管理心理学是由一部分心理学和一部分人力资源管理学所构成，这两部分相互贯通，有机结合就构成了人力资源管理心理学。因此，从事人力资源管理心理学的研究者，除了具备扎实的心理学功底之外，还必须要透彻地了解人力资源管理的活动，并能够娴熟地将心理学研究成果和理论应用到实践中去。

其次，人力资源管理心理学是一门自然学科，也是一门社会学科。现代人力资源管理心理学的研究，在研究对象上，有时会涉及人的某些自然属性，比如反应时、神经类型、压力耐受性等等。还有，人力资源心理学的研究常常要用到实验、计算机模拟、数据处理等自然科学研究的手段和方法。另外，在工作场所中，对于人来说，更重要的是人的社会属性，比如沟通、人际关系、态度和价值观等等。因此，人力资源管理心理学具备自然科学的性质，也具备社会科学的性质。

再次，人力资源管理心理学是一门理论学科，也是一门应用学科。

上述内容中我们已经提及，从人力资源管理心理学的研究对象上来看，首先它需要研究人力资源管理活动中人的心理和行为的规律，要研究如何把心理学的研究成果和理论应用到实践中去，以满足人力资源管理实践的需要。不过，二者并不是矛盾的。对理论的研究可以满足实践对理论的需求；实践不仅可以促进理论的发展和完善，而且对理论的不断需求还可以导致更多的研究并发展出更多的理论。因此我们相信，只有理论与实践相结合，人力资源管理心理学才能良性循环地发展。

（三）与人力资源管理心理学密切相关的心理学分支

与人力资源管理关系最密切的心理学分支有五方面。

1. 人格心理学

人格心理学是研究个体人格结构、动力及其形成、发展规律的科学。人格心理学首先关注的是个体的差异，关注这种差异是如何形成的以及这种差异对个体而言有何意义。其次，人格心理学视人格为一个整体，我们可以从认知、情感和行为三个方面来认识。再次，人格心理学认为个体人格是环境和遗传交互作用的结果，是变化和发展的。在人力资源管理活动中，人员甄选与安置都要重视员工的个体差异，把岗位的要求和员工的人格特点结合起来，最优地配置人力资源。

2. 心理测量学

心理测量学是研究如何数量化描述个体心理差异的科学，其重点在测量理论的构建和测量工具的编制和实施上。心理测量对人力资源管理有非常重要的意义，在人员甄选、人员安置、绩效考评、培训开发中都需要借助于心理测量的方法或工具。

3. 学习心理学

学习心理学是研究人类学习规律的科学。所谓学习，指的是个体在活动中通过经验引起的行为或心理相对持久变化的过程。有效的学习有三个条件：首先，个体需要外部提供有价值的信息；其次，个体具有学习所需知识的能力；再次，个体需要对所学习的东西进行主动的加工。培训已成为现代人力资源管理的重要职能之一。但培训若要达到预期效果，其课程设计以及培训方法的选择等，都必须要与成人学习的规律和员工的需要相结合。

4. 社会心理学

社会心理学是从社会和个体相互作用的观点出发，研究特定社会条件下个体心理活动发生、发展规律的学科。与主要研究个体差异的个性心理学不一样，社会心理学主要研究的是个体社会化的过程和条件，个体和团体互动的规律等。在人力资源管理中，要想提高团体士气，要想使员工相互间能和谐相处，要想使主管有效领导员工，要想与员工进行有效沟通，要想使人与人之间化冲突为合作，要想真正发挥团队精神，都离不开社会心理学的知识和理论。

5. 医学心理学

医学心理学是阐明心理社会因素和心理生物因素对健康和疾病的作用与机理，寻找心理治疗技术和养生保健措施的科学。在现在的竞争社会，员工将感受到来自各方的压力，如何使员工正确认识和处理这些压力，使他们在压力下保持心理健康和工作效率，是医学心理学和人力资源管理心理学所共同关注的问题。

以上几门心理学的分支，都与人力资源管理心理学关系密切。除此之外，发展心理学、认知心理学等心理学的分支学科也与人力资源管理心理学有一定关系。将这些学科的知识和理论有效地运用在人力资源管理上，将会使人力资源管理获得可观的改善。

三、人力资源管理心理学的研究方法

（一）研究程序

任何一门科学问题的解决都有一套程序，心理学也不例外。人力资源管理心理学的研究程序通常包括"问题的提出""问题的描述与假设的形成""研究方法的确定""资料的收集与分析"以及"结果的解释与结论的获取"四个步骤。

1. 提出问题

研究是针对问题的。因此，任何研究的第一步就是确定问题。只有问题确定了之后，才有可能进行研究。在选择问题上，我们必须要非常谨慎，因为一个研究的价值往往取决于问题的价值。选择一个好的研究问题，往往比研究本身更具有挑战性。问题的产生通常是来自研究者的好奇心，其来源可能是他对人的行为的观察，从观察中人们往往都能找到自己感兴趣的问题。值得我们注意的是，许多最好问题的提出者，从事的都是跨领域的研究。如贝尔奖获得者、认知心理学家赫伯特·西蒙就是将计算机的知识引入到心理学研究中，来比较计算人脑之间的差异；2002年诺贝尔奖获得者、心理学家丹尼尔·卡伊曼是因将心理学和经济学结合在一起来研究不确定状况下的决策制定而获此殊荣的。

2. 描述问题与形成假设

在确定了问题之后，还需要我们能够用科学的语言将问题准确地描述出来。换言之，我们需要弄清楚问题的本质。在这里我们要用到操作性定义这个概念。所谓操作性定义就是研究者用准确、详细的描述来说明该如何测量和验证所要研究的特殊现象的一种方法。操作性定义使得研究者们可以相互交流他们的研究方法和研究成果。

操作性定义之所以在心理学研究中如此重要，一个根本的原因就是心理学研究中通常使用假设模型。假设模型是一个抽象的概念，它指的是：我们所研究的问题虽不具有直接的可测量性或可观察性，但我们可以提出具有可测量性的模型。

清晰地描述了问题之后，我们需要根据研究的需要提出一个或多个假设。假设是一种预测，它所采取的是一种可以让其预测被检验的一种叙述形式。

3. 确定研究方法

假设提出之后就需要选择适当的研究方法来验证它。对于一个具体的研究来说，研究方法是否适当，需要根据研究的目的来定。如果需要确定变量之间是否存在因果关系，就需要选择实验法；但如果仅想知道变量之间是否存在相关关系，我们可以选择观察法、调查法或问卷法。

确定研究方法是整个研究最关键、最重要的一步。许多研究显示，真正的专家们在这一研究步骤上所投入的精力往往要比新手多。方法的正确选择可为研究者节省更多的时间和精力，并可避免无谓的挫折。

4. 收集和分析资料

确定了方法后，我们就可以依据不同的方法实施不同的研究方案。然后，在方案实施过程中收集资料。最后利用相关的工具（如，SPSS 统计软件）和技术，来对这些资料进行系统的分析，并从中获取有用的信息。

5. 解释结果与获取结论

研究者将分析的结果与原来的假设进行比较，如果结果与假设符合，则理论假设就获得支持；如果不符合，就要考虑重新设计一个研究重新验证，或考虑修正假设。最后，从分析与结果中得出研究的结论。

（二）研究方法

人力资源管理心理学研究的目的是描述、解释、预测和控制，不同的研究目的有不同的研究方法。总的说来，人力资源心理学的研究方法可以分为质的研究方法和量的研究方法。质的研究是研究者通过对研究对象长期、深入、细腻的体验，了解事物本质的研究方法，其目的主要是描述和解释；量的研究方法是研究者通过一定方法对事物进行分析和量化，了解事物规律的研究方法，其目的是解释、预测和控制。

1. 质的研究

质的研究也称质性研究、质化研究、定质研究，指的是"以研究者本人作为探究的感觉，在自然情景下采用多种资料收集方法对社会现象进行整体性探究，使用归纳法分析资料和形成理论，通过与研究对象互动对其行为和意义构建获得解释性的一种活动"。

（1）访谈法

访谈法是研究者通过与研究对象交谈来收集资料并确定研究对象心理和行为特征的研究方法。访谈法可以按研究者对访谈结构的控制程度分为：结构式访谈、半结构式访谈和无结构式访谈。结构式访谈事先确定访谈的对象、所提的问题和提问顺序，访谈时就按照事先确定的步骤进行访谈。无结构访谈即开放式访谈，事先并不确定访谈的题目和顺序，访谈时按照被访谈者谈话的兴趣进行自由交流的访谈方法。半结构式访谈是对访谈的结构有个大概的轮廓，也允许被访谈者自由发挥的访谈方法，是结构式访谈和无结构式访谈的综合。

为了使访谈获得预想的效果，必须做到：

第一，赢得被访谈者的信任，双方的谈话在自由轻松的氛围中进行。

第二，把握谈话的方向，抓住重点，有的放矢。

第三，做好记录工作，记录被访谈者的言语和非言语行为。

访谈法使用起来比较灵活，可以不受时间和空间的限制。研究者与研究对象相互交流，容易建立融洽的关系，有利于被访谈者说出内心的真实想法，也有利于研究者在较深层次上了解被研究者。访谈法的适用面比较广，从儿童到老人，从文盲到教授，都可以用访谈法进行研究。访谈法也有一些不足的地方：首先，访谈法对访谈者的要求比较高，一般在访谈之前需要对他们进行适当的访谈技术培训；其次，访谈得到的信息资料都较为零散，作系统分析比较困难；另外，访谈者个人的价值观也会影响到访谈资料的收集和访谈结果的处理。

（2）观察法

观察法是有目的、有计划地观察、记录被观察对象在一定条件下的行为或言语等特征的研究方法，是科学研究收集资料的一种基本方法。观察法按照事先是否确定具体观察项目可以分为结构式观察和无结构式观察。按照观察记录的特点可以分为事件导向的观察和时间导向的观察，前者指观察一件事物或某种行为发展的全过程，后者指观察某个特定时间内的被观察对象的全部行为。按照观察者是否参与到被观察对象的行为中去可以分为参与观察和非参与观察。

为了使观察获得预想的效果，必须做到：

第一，事先有明确的观察目的，确定观察的内容、对象、范围、方面，制定可行的观察计划。

第二，观察时要尽量客观，尽量减少由观察者带来的误差。

观察法对可以客观地记录被观察对象的自然行为，所获得的资料直接来自被观察对象，减少了被研究者掩饰和隐瞒造成的资料失真。观察法收集的资料比较全面，包括言语方面的资料、行为方面的资料和其他相关方面的资料。观察法也有不足的地方：观察者可能会影响被观察者的自然行为；观察法要求研究者在观察的过程中一直要客观、全面和准确，完全做到这些很困难；研究者个人的态度、价值观也会影响到观察资料的收集和结果的分析。

（3）实物分析法

自个人的非正式实物的分析。前者包括由政府发布的证件、文件和统计资料等，后者包括个人的自传、信件、日记等。

实物分析法可以拓展研究者的视野，让他们从更多途径更接近地了解被研究者实际的工作和生活。实物分析法自然情景中留下的资料，比较客观，真实可靠。实物分析法也有不足之处，被研究者可能无意中有美化自己的倾向，这在求职简历中表现得非常明显；有些事物资料不是当事者所为，别人可能因为角度不同和记忆差错造成信息失真；另外，和访谈法、观察法一样，事物分析法对研究者研究素养的要求也是很高的。

2. 量的研究

量的研究又称定量研究、量化研究，指研究者把研究对象按某种方式进行数量化，通过对收集的资料进行统计分析，得出一般结论并预测和指导实践的研究方法。和质的研究相比，量的研究可以从宏观上了解事物的总体情况，从某种层次上揭示事物的普遍规律，并且研究结果可重复、可推广。

（1）调查法

人力资源管理心理学最为普遍的研究方法是调查法 (Surveys)，即通过给人以问卷，让其回答出他们对自己、对工作、对组织各方面感受的一种研究方法。问卷研究使得人力资源管理心理学家大量的研究课题成为可能，而这也正是此技术流行之所在。这种技术使得我们仅通过询问人们一系列系统的经过精心编排的问题，就可以了解到大量我们所想知道的信息。此外，问卷法相对而言容易操作 (可通过邮件、电话或面对面等形式)，也容易量化，并能进一步对所得数据进行统计分析。这些特征使得调查法对研究者来说更富有吸引力。

调查法包括测验法 (Test) 和问卷法 (Questionnaire)。测验法是在特定的时间和地点，用标准化的心理测量工具来测定个人或团体的心理特质的研究方法。比如：智力测验、人格测验、职业测验等。在人力资源管理中，人员的选拔、安置、晋升等都可以把心理测验作为重要的辅助工具，而且这在实际中也得到了广泛的运用。在使用心理测验的时候，还要重视测验工具本身的信度、效度问题，信度效度低的测验是不能用来作为人力资源管理的工具的。另外，作为选人的心理测量工具还必须注意项目功能差异问题。如果来自不同文化背景但能力相当的两组人做某种能力测验，其分数差异显著，则这种测验具有较高的项目功能差异，使用这种测验，会有失公平。

问卷法通常用于调查人的行为倾向或习惯。问卷法在需要短时间搜集大量信息时特别有用。它们最典型的使用场合是在信仰和价值观的测评上，例如，你可以用一个问卷或调查表去搜集员工对大规模裁员的态度的相关信息。

调查法的优点在于容易被操作而且结果易被记分和分析。缺点是除非样本十分大或非常具有代表性，否则很难归纳出那些不能直接被测量和调查的那部分人的特性，也就是说，样本的大小直接影响到研究结论的推广性。另外，在运用调查法的研究中，被试的言行和行为往往并不一致——我们所获得的信息并不一定真实。

（2）实验法

从严格的意义上说，实验法是通过控制和操作变量来研究变量间因果关系的一种研究方法。所谓变量指的是一种环境、一个人或一种现象的某种品质或特性，这种品质或特性会因环境、个人、现象的变化而变化。在可以操作和控制我们所研究的变量时，实验法是特别有用的。实验者通过小心谨慎地操作一个或多个特殊变量以期观察到它们对其他变量影响的效果。实验可以通过一系列的操作来检测对一些行为的认识，故实验为检测对行为的认识提供了一种手段。

实验通常会涉及两种类型的环境。不同的环境通常意味着对因变量的不同操作。第一种类型的环境是实验室环境，即严格控制下的实验环境，又称为处理环境。第二种类型的环境称之为控制环境。被试在这种类型的环境中不接受实验处理，但可以接受另外一种处理。在这一类型的环境中，被试不能被告知任何关于他们如何去做给定作业的信息。其实验的目的是看被告知将会成功的一组是否真的在作业成绩上要优于什么也没被告知的那组。

通常情况下，实验中将会使用两组被试：一组为实验环境下的被试，一组为控制环境下的被试。在使用两组或两组以上的被试时，我们把接受实验处理的被试称之为实验组，而用作比较的一组被试，我们称之为控制组。控制组的结果常被作为一种参照标准以用于比较和判断实验的结果，同时也可控制和研究不相干的易混淆的变量。为了控制对多个易混淆的变量，一个试验中常常不知需要一个控制组。没有控制组，我们就很难给一个实验下结论。譬如，如果你告知所有被试他们将会在测试作业中做得很好，则你就没办法分离、知道"告知被试关于他们所期望的成绩将会如何"所带来的影响效果。为了评估"告知被试他们的作业成绩将会很好"所带来的影响效果，你需要一个"不告知被试他们的作业成绩如何"的控制组。如果没有任何控制组，因果推论也就无从谈起。控制实验法有许多的优点，一是它们允许对自变量作精确控制；二是如果样本足够大，可以获得普遍性的结论。但控制实验法也有许多的缺点，一是被试不可能太多，很可能仅是个案研究；二是从实验室中获得的研究成果推广到现实世界中的能力是有限的。

科学家和实践者除了想知道变量间相关的程度之外，他们还想知道一个变量是如何引起另一个变量的。正因如此，实验法在人力资源管理心理学领域里才被普遍使用。我们知道，变量间的因果关系越多，我们就越能充分解释行为潜在的原因，而这也是人力资源管理心理学研究的主要目的之一。

3. 研究中使用的统计方法

（1）描述统计方法

描述统计是用来概括、描述事物整体状况及事物间关联、类属关系的统计方法。它通过对大量的数据用合适的统计方法找出其有代表性指标的统计方法，描述事物的典型性、波动范围及相互关系。描述统计可以反映一组数据的集中趋势，其主要指标有算术平均数、几何平均数、加权平均数、调和平均数、中数、众数等，算术平均数使用最为普遍。描述统计可以反映一组数据的集中趋势，其主要指标有方差、标准差、平均差、四分差等，方差、标准差使用最多。

（2）推论统计方法

推论统计是通过局部数据所提供的信息，推论全局情况的统计方法。在现实的研究中，往往需要了解事物的总体特征，而通常情况下不可能也没必要对事物全体做调查，只需要通过有代表性的局部调查，借助推论统计，就可以在一定程度上反映事物总体的情况，所以推论统计是十分有用的。

（3）统计方法的新发展

随着人力资源管理心理学研究的发展和数理统计科学的进步，新的统计研究方法逐步被应用人力资源管理心理学的研究中。主要有因素分析、聚类分析、时间序列分析、元分析等。因素分析包括探索性因素分析和验证性因素分析，探索性因素分析详细描述公共因素的数量和观察变量的分析情况，验证性因素分析描述观测变量与潜变量之间的测量关系。聚类分析，也称数值分类，是将观测变量或者其他聚类对象放在一个多维空间之中，按照其空间关系的亲疏对聚类对象进行分类的研究方法。时间序列分析是通过时间序列的历史数据揭示现象随时间变化的规律，并将这种规律延伸到未来，从而对该现象的未来做出解释预测，进而实行恰当控制的研究方法。这种方法最初用在医学研究领域，在人力资源心理学研究中也有很重要的作用，比如对职业生涯发展方面的研究将有积极的推动作用。元分析是以广泛的原始研究结果为基础，从中提取信息以获得普遍结论的研究方法在心理学研究中也得到了广泛的运用。

另外，随着电脑和互联网的普及，使得数据挖掘成为可能和必要。数据挖掘可以看成是通过计算机对大量复杂数据的自动探索性分析，即从大量的数据中，抽取出潜在的、有价值的知识(模型或规则)的过程，这种方法运用到人力资源心理学之中，可能会对这门学科的研究产生很大的影响。

（4）应用统计方法应该注意的问题

首先，每种统计方法的运用均有其前提假设，如果数据不满足所运用方法的假设，则统计处理不仅无助于研究的开展而且可能将研究引向歧途。比如在进行方差分析之前必须了解总体是否是正态分布，还要进行方差齐性检验，如果总体不是正态分布或者实验处理

内方差差异显著 (方差不齐性)，则不能进行方差分析。

其次，在对统计结论作推论的时间要慎重，统计上的差异显著并不意味着 100% 有差异，任何统计上的推论都是有风险的，因此我们需要考虑的是这种风险是否在可接受的范围之内。另外，样本的抽样情况直接影响到统计结果的可推广性，在抽样的时候一定要有代表性。

四、人力资源管理心理学的历史及发展

人力资源管理心理学是传统人事心理学的演变，因此两者早期历史是共同的。传统的人事心理学是工业与组织心理学最经典的分支和研究领域。在过去几十年的发展中，人事心理学与组织心理学、工程心理学高度地融合和交叉。因此，人事心理学的发展历史始终贯穿于工业与组织心理学的历史发展之中。

（一）西方人事心理学的历史及其发展

传统的人事心理学发展至今，已逐步趋向于成熟。该学科的整个发展历史，基本上可以划分为四个阶段；萌芽、孕育、成长与成熟。

1. 萌芽阶段 (1879 年之前)

早在科学心理学诞生 (1879 年) 之前，人事心理学中的许多重要议题就已经开始被讨论。

2000 多年前的亚里士多德 (Aristotle) 从政治学的角度探讨了 "劳动分工、授权、部门化、领导者选拔和权力分化" 等概念。到了中世纪，托马斯•霍布斯 (Thomas Hobbes.1651) 主张通过集权化领导来消除 "人制造出来的混乱"，从而为权威式管理寻求到了哲学辩护。约翰•洛克 (John Locke) 的平等思想 (1690) 为后来的参与管理奠定了理论基础，卢梭 (Rousseau) 在《社会契约论》(1762) 中支持了洛克的观点。

到了工业革命时代 (1700—1785)，伴随着大量社会组织的出现，出现了许多新的组织行为。亚当•斯密 (Adam Smith) 在《国富论》(1776) 中提出了劳动分工的概念，强调劳动分工产生经济优势的观点。当今世界，无论何种行业的组织当中，劳动分工部得到了广泛应用。可以说，亚当•斯密的劳动分工学说直接促进了 20 世纪初以来生产线的广泛应用与发展。

在科学管理之前的漫长时期里，有关人事管理的心理学思想只是零散地出现，尚未形成科学的体系，而正是这些点滴的思想最后催化了工业与组织心理学的孕育和诞生。

2. 孕育阶段 (1879—1916 年)

1879 年，冯特在德国莱比锡建立了第一个心理学实验室，这标志着科学心理学的诞生。之后，心理学迎来了第一次世界大战前三四十年里的迅速发展阶段。心理学研究的领域不断扩大和细化，最终导致了大量分支学科的产生。工业与组织心理学的诞生，正是心理学研究迈向企业管理领域的结果。

1881 年，世界第一所职业管理学校在美国宾夕法尼亚大学成立。两年之后 (1883)，被现代人尊称为科学管理之父的泰勒 (F.W.Taylor) 开始了在米德维尔和百斯勒姆两个钢铁厂的实验，最终催化了科学管理理论的诞生。1909 年，泰勒在《商店管理》一书中，解释了管理在避免工人"消极怠工"中的作用。1911 年，泰勒出版了《科学管理原理》一书。其中，他提出了两个重要的原则：设计出最科学的工作方法；选择出最好的工人并加以培训。泰勒通过对时间和动作的研究，认识到了工作环境再设计对组织绩效最优化和工人薪资提升的价值。科学管理理论的应用，大幅度地提高了劳动生产率，并直接导致了企业低成本、高效率、高工资和高利润局面的出现。

1903 年当时的美国心理学会主席布赖恩 (Bryan) 公开鼓励心理学家去研究生活中的具体活动和现象。布赖恩虽然没有直接提出要研究工业领域中的心理活动或现象，但他的鼓励大大促进了心理学知识在此类"真实生活"中的应用。

沃尔特·迪尔·斯科特 (Walter Dill Scott) 在 1911 年出版了两本著作《有影响力的企业人》和《增进人们在企业中的效能》，并因此成为用心理学理论和知识来研究工作场所中动机的第一人。

而与此同时，美国历史上第一位心理学女博士，被尊称为美国"管理学第一夫人"的莉莲·吉尔布勒斯 (liDian Gilbrcth) 出版了《动作研究》一书。她在该书中主张采用观察、记录与分析的方法进行动作研究，以确定标准工艺动作，提高工人的生产效率。考皮斯 (Koppes.1997) 曾高度评价吉尔布勒斯夫人，认为她是在工业与组织心理学发展初期有着重要贡献的女性心理学家之一 (转引：MuChinsky.2000)。

1912 年，原籍德国，后在美国哈佛大学任教的心理学教授雨果·闵斯特伯格 (HugoMin-steiberg) 出版了《心理学与产业效率》一书，这标志着工业心理学的诞生。闵斯特伯格在职业指导和培训、心理测验等方面都做出了巨大的贡献。他建议用心理测验来改进人员甄选工作，强调学习理论在培训方法开发中的应用，提倡通过研究人的行为来了解对工人最有效的激励方式。目前，我们现行的许多有关甄选技巧、人员培训、工作设计以及激励方面的理论都是建立在闵斯特伯格的研究基础之上的。事实上，工业与组织心理学早期的研究，更多的是传统人事心理学的内容。

1913 年，美国学者与企业主成立了全美职业指导协会，其职能主要是进行就业辅导和改善人们对职业的心理适应，这标志着心理学在人事管理中的应用已经得到了初步的规范与系统化。在这一阶段，人事心理学的基本领域和研究课题都已被触及。

3. 成长阶段 (1917—1945 年)

前一阶段，工业与组织心理学的研究主要强调的是如何将心理学的概念和方法应用到企业的实际工作中去，其目的在于解决一些现实问题，提高企业的经济利益，企业在这一阶段已经开始雇用心理学家为其服务。在这一背景下，部分心理学家也逐步开展了具体的应用心理学的研究。1917 年《应用心理学》杂志创刊。直到今天，它依然是工业与组织心理学界最受欢迎和最受尊敬的代表性刊物之一。

科学家乔治·埃尔顿·梅奥 (George Elton Myao) 的霍桑实验 (Hawthorne Research)(1924—1932) 梅奥在美国西方电器公司的霍桑工厂进行了长达九年的实验。霍桑实验的初衷是试图寻找改善外部条件与环境以提高劳动生产率的途径，但结果表明影响生产率的根本因素不是外部工作条件，而是工人自身因素以及团体的融洽感和安全感。在霍桑实验的基础上，梅奥提出了"人际关系理论"。人际关系理论的精髓在于：组织中提高生产率的办法就是提高员工的工作满意度。霍桑实验"代表了最有意义的研究计划，它告诉了我们生产问题和效能之间的关系有多么复杂"。虽然这些实验最初并不是为了科学的意义而做，但可以说，霍桑实验是工业与组织心理学发展中的一个转折点，它们揭开了组织中的人的行为研究的序幕，并成为工业心理学的经典研究 (Muchinsky.2000)。

4. 成熟阶段 (1946 年之后)

20 世纪 40 年代末、50 年代初，临床心理学者卡尔·罗杰斯 (Carl Rogee) 和亚伯拉罕·马斯洛 (Abmham Maslow) 的动机需要理论为人际关系运动提供了强有力的理论支持。而斯金纳 (Skin-ner) 也在这一期间发起了有关 "行为主义理论在组织情境中应用" 的讨论。1954 年，彼得·F. 德鲁克 (PeterF.Dmcker) 提出了目标管理理论。而同年，约翰·C。弗兰里根 (JohnC.Flanigan) 总结出了关键事件技术。

20 世纪 50 年代末到 70 年代初，学术界产生了一股对动机研究的热潮。道格拉斯·麦格雷戈 (DouglasMcGregor) 提出了关于人与组织关系的 X 理论和 Y 理论。1964 年，弗洛姆 (Vroom) 提出了有关动机的期望理论。60 年代中期，戴维·麦克利兰 (David McClelland) 提出了成就需要理论。弗雷德里克·赫兹伯格 (Frederick Herzberg) 在 60 年代末也提出了双因素理论 (激励因素和保健因素)。而埃德温·洛克 (Edwin Locke) 也几乎同时提出了目标设定动机理论。1971 年，斯金纳(B.F.Skinner)在其《超越自由和尊严》一书中，主张通过行为矫正法来激励组织中的员工。这方面的研究对组织培训的强化以及奖励制度的设计都有着重要的影响。而在这期间，波特和劳勒 (Porter&Lawler) 对动机的期望模型也进行了修正。

20 世纪 90 年代以后，职业压力管理成为工业与组织领域中的热门话题。家庭与职业生活的协同发展获得人们更多的关注。目前，有关工作生活品质、工作满意感、心理契约及组织承诺等方面的研究都可谓是组织与工业心理学 (尤其是人事心理学) 领域中的热门课题。

（二）人事心理学在中国的发展

1. 初步引进阶段 (20 世纪 50 年代之前)

中国近代科学的先驱和经济管理学的倡导者在 "实业救国""科学救国" 和 "教育救国" 理念指导下，利用留学欧美的有利条件，比较及时地引进了 "科学管理" 和 "职业心理学" 的知识。

穆藕初于 1914 年与泰勒通信，并于 1916 年翻译出版了《科学管理原理》；杨铨于 1915 年在《科学》月刊上发表了《效率的分类》等文。另一方面，黄炎培等人创立了中华职业教育社 (1927)，向全社会推行职业教育的活动，并开始进行职业测验和技能测验。为此，黄炎培从国外购进测验仪器，并布置职教社附近的工厂仿制，还直接安排邹韬奋编译《职业指导实验》、《职业智能测验法》等几部著作。

1934 年，中央大学教授潘菽撰写的《心理学的应用》出版。该书将应用心理学分为：(1) 工业心理学；(2) 教育心理学；(3) 职业心理学；(4) 商业心理学；(5) 法律心理学；(6) 医学心理学。潘菽还开设了"工商心理"等课程。

人事心理学在国际上也被看成是工业心理学的一个组成部分。在中国，与此相关的引进不算迟，前文所提的职业心理学显然是属于人事心理学的范畴。之后的两个学术机构在这方面的活动值得关注。

2. 基本停滞阶段 (20 世纪 50 至 70 年代)

新中国诞生后，在陈立等老一辈心理学家的努力下，一系列的工业心理学研究得以顺利开展。比如，20 世纪 50 年代，陈立等人 (1959) 在杭州开展对事故分析、细纱工培训、操作分析、工艺流程、视觉疲劳等方面的研究，发表了《细纱工培训中的几个心理学的研究》。

1958 年后，由于工业发展的需要，国内心理学家协助生产部门举办操作合理化研究班，从开展"劳动心理学"开始，在机械制造、炼钢工业、纺织工业等进行改进操作方法、技能培训、促进发明创造、防止事故等研究。

20 世纪 60 年代由于我国工程建设的需要，国内心理学家又开展了铁路、水电站中央控制台的信号显示，建筑工程中教室和工业厂房的照明标准，仪表工业中表盘刻度等相关的工程心理学的研究以及航空心理方面的选拔、训练和飞行错觉等研究。

20 世纪 70 年代后期因为国际形势发展的需要，又开展了工程心理学以及与心理学有关的工效学和工厂管理问题的研究，以协助促进当时我国国防及工业的现代化。

人事心理学在这一阶段，虽然在上述领域获得了一些发展，但是大量的研究基本上是从属于劳动心理学、工程心理学的研究，人事心理学这门学科基本处于停滞阶段。

3. 恢复发展阶段 (20 世纪 80 年代)

20 世纪 80 年代后，随着改革开放的深入，应用心理学迎来了发展的契机。人事心理学也开始了自己 20 多年的迅猛发展。

在激励问题的研究方面，1980 年，徐联仓等人首先采用问卷发放对职工的思想状况与激励因素做了调查。王重铭 (1982) 在杭州进一步探讨了不同激励因素的激励程度。俞文钊 (1991) 从有关调动与挫伤工作动机的影响因素分析中，提出了"激励的模型"，阐述了激励、保健、"去激励"向激励因素转化的途径。此外，俞文钊经过广泛的社会调查测试，提出了同步激励论和公平差别理论以及激励与激励因素的连续带模式。他和王重鸣、马剑虹等设计具有合格信度和效度的测验工具，编制工具标准，已被人事部门采用或参考。吴谅谅、陈子光 (1992) 分析了奖金公平性、激励作用，并对完善企业奖励制度提出了有益的建议。郑全全 (1992) 则考察了在计件超额奖励制基础上实行弹性工时的效果。结果发现，弹性工作时可以大大提高职工劳动积极性和工效，成为比较有效的激励手段。

4. 稳定成长阶段 (20 世纪 90 年代至今)

20 世纪 90 年代之前的人事心理学研究，基本还是有关激励因素和激励效果方面的探讨，人事心理学的发展步伐还不够迅速。90 年代以后，随着中国经济的迅速发展，改革力度的加大，经济产业的更新，外资企业的大量入驻，企业日益渴求管理的现代化，随之而来的是西方先进的管理理念、经验和知识被引进。国外许多最新的人员甄选、工作分析、员工培训、绩效考评、绩效管理等工具和技术也都在这一时期被大规模地介绍进来。人事心理学的应用在中国开始有了迅猛的发展。在这种形势的驱动下，人力资源管理首先在中国的企业中日益受到重视。目前，许多大型的企业都已经开始设立人力资源部，招聘、培训、薪酬管理以及员工心理保健等工作都是其基本职能。其次，大量人中介、企业咨询与培训公司也如雨后竹笋般地出现。在经济比较发达的城市，如上海、北京、广州、深圳、苏州等地，这类机构目前已经非常普遍。

这些专业的社会机构和社会组织的出现，促进了人事心理学在管理实践中的应用。相比之下，有关人事心理学方面研究的进展还比较缓慢。但相对于前几个阶段来说，人事心理学的研究已经呈现出稳定发展的趋势。

第三节 跨文化下的人力资源管理心理学

一、跨文化概述

虽然全球经济一体化趋势得到了很大加强，各国企业的组织结构、技术方法、决策方式、控制程序已基本趋同，但员工的不同文化背景使文化差异仍然是一个影响管理者管理效果的重要因素。国外许多研究表明：跨国经营中，凡是大的失败几乎都是因为忽略了文化差异所招致的结果。我国改革开放以来，随着大量外资企业的入驻、本土企业在海外业务的拓展和在国内跨地区经营规模的扩大，文化冲突与融合问题已经日趋为中国企业界和学术界所关注。

所谓跨文化并没有确切的定义，在这里用描述性的叙述来阐述它，即指在不同的文化环境下，研究人与人之间的相互关系，处理因文化不同所导致的冲突以及寻找减少和避免这种冲突的方法。要理解跨文化的内涵，先得从文化谈起。

（一）文化

按照霍夫斯泰德（G.Hofstede）的观点，文化是一个环境中人的"共同的心理程序"文化不是个体特征，而是具有相同教育和生活经验的许多人所共有的心理程序。

对于一个国家而言，文化指一个社会所持有的共同价值观。文化往往会影响一个国家的政治和法律制度，因为政治货物法律制度通常是针对文化所确立的价值取向而制定的行为规范。同时，文化也会影响一个国家的人力资源成本，因为如果一个国家的文化赋予了教育极高的价值，通常会使整个社会增加其人力资源成本的投入。

对于一个企业而言，文化是一个企业内绝大多数员工共享的价值观、信念以及行为习惯，这些价值观、信念以及习惯可能会根据地域、职能部门的不同以及组织的不同经历而发生分化，从而无法适用于组织之外的环境。企业内的文化一旦形成，就会与其所在国家的文化有一定的区别，但通常认为企业的文化在更大程度上存在国家与民族之间的区别，因为企业的文化在一定程度上反映了一个国家的文化。

（二）跨文化差异

1. 文化差异的概念

文化的最大特征就是文化具有差异性。所谓文化差异是指由于文化背景不同导致特定人群之间遵循不同的价值评判标准和行为准则，从而使他们对于特定事物具有不同的态度和行为。

2. 识别文化差异的维度

霍夫斯泰德在 1991 年进行了一项关于国家与民族文化在管理中影响的经典研究。霍夫斯泰德的研究资料主要来源于他对 6000 名 IBM 雇员进行的与工作相关的态度调查。通过对数据的因素分析，霍夫斯泰德发现可以将文化分为四个基本维度。在后来的一项研究中，霍夫斯泰德又增加了五个维度。通过对这五个维度的分析，可以迅速了解某种文化的特征以及该文化与另外一种文化之间的差异。

①个人主义 / 集体主义

个人主义 / 集体主义（individualism/collectivism）维度用于描述社会成员之间的关系强度，即社会成员的行为作为个体而不是群体成员的程度。在以个人主义文化为特征的社会中，社会期望个体具备更多的自立性，而不应当获取群体的过多保护。在以集体主义文化为特征的社会中，社会期望更多地顾及社会的整体利益，同时社会给予个体的支持也更为广泛。

②权力距离

权力距离（powerdistance）维度用于描述社会文化如何处理等级化的权力关系，即人们对于权力分配不平等这一事实的认可程度。如果一个社会的文化具备较小的权力距离特征，那么社会文化将努力降低权力和财富的不平等程度。而如果一个社会认可较大的权力距离，那么其社会文化将努力维系已有的权力和财富不平等程度。

③不确定性规避

不确定性规避维度用于描述社会成员规避风险等不确定因素的程度。其中的一个极端是社会成员偏爱结构性的稳定情境，另一个极端是偏爱非结构性的情境。一些社会文化的不确定性规避程度很弱，此种文化背景将使个体在社会化过程中认可不确定因素的合理性，因此这样的社会成员更容易接受不同的观点。而另一种社会文化具备很高的不确定规避程度，其社会成员更注重通过技术以及政治等手段来确保社会的稳定程度，这种文化也为社会成员提供了清晰的行为规则。

④男性化 / 女性化

男性化 / 女性化（masculinity/femininity）用于描述社会成员的行为在性别划分上的取向。在以男性化为特征的社会中，人们往往认可地位、权力、成就等传统上属于男性化价值观的事物，这一类文化显得较为激进。而在以女性化为特征的社会中，人们认可并推崇的往往是传统上属于女性化价值观的事物，如和睦的人际关系、对他人的敏感与帮助以及与环境的和谐，这类文化则显得比较保守。

⑤长期 / 短期取向

另一个维度是长期 / 短期取向以长期取向为特征的社会更注重未来，社会成员所持有并认可的事物往往不能立即为他们带来收益，东方国家更多的属于这类社会，人们习惯于节俭、储蓄以确保持久性。另一些社会表现出明显的短期取向，社会成员注重过去与现在的事物，看重即刻可以获取的收益，并且推崇对传统的尊重，西方国家更多的属于这类社会。

3. 文化差异的内容

从来源上说，组织的跨文化差异主要包括：双方母公司文化背景的差异，双方母公司自身持有的"公司文化"风格差异以及双方当事人个体文化素养的差异。但从内容上来说，跨文化差异主要表现在：

（1）沟通方式

语言是人们赖以沟通的主要方式。不同的国家或地区往往有不同的语言系统，这就决定了来自不同地区的人们在沟通方式上的差异。语言是文化的镜子，它不仅是简单的字符排列，而且还包含着丰富的知识、历史、情感和态度。稍有不慎，人们就会产生语言理解错误。

除了语言外，沟通障碍还来自非语言方面。非语言行为是任何一种有目的或无目的的超越语言并被接受者认为有意义的行为，包括表情、手势、眼神、身体移动、姿势、衣着、接触等。非语言信息往往是"只能意会，不能言传"。在不同文化中，相同的非语言行为可能有不同的含义。

（2）民族

在拉美、非洲、中东、东南亚等地，习俗更是深深渗透到个人、家庭、社会群体的方方面面。习俗凝聚着一个民族的历史和文化。每个习俗都有自己独特的偏好和禁忌，这些偏好和禁忌决定了人们在认识方式、行为准则和价值观念上的差异。对当地广为流传的习俗进行研究，有助于跨国或跨地区的管理人员更好地理解当地人与自己行为的差异，并据此做出正确的决策。

（3）教育

无论正规的教育还是非正规教育，在文明的传递中都扮演着关键的角色。各国教育体系、教育水平的不同，也应该被管理人员所重视。在人力资源管理过程中，教育水平对人才招募和培训有着重要的影响。许多企业在教育水平不高的国家投资建厂，往往会因为找不到足够的技术人员和管理人员而发愁。此外，为了使分公司的管理水平和生产技术水平达到母公司要求的标准，企业往往要花费大量的时间和经费对当地员工进行系统的培训。

（4）社会关系

文化的差异还表现在社会关系上。每个社会都有自己的社会组织，组织凝结着某种特殊的人与人之间的关系。以血缘关系为基础的社会组织的典型是家庭。家庭的作用在不同文化中有着很大的差异。

社会关系的影响往往会影响到子公司的管理。例如，由当地人担任子公司的经理，可能会因亲情关系而牺牲原则，把不称职的亲属安排在重要工作岗位上，或以高价购买亲属生产的产品。这些因素都会给跨国企业的经营管理活动带来不利影响。

（5）风俗习惯

在人类几千年的历史发展中，不同的国家、地区或民族都有着自己独特的风俗习惯，并表现出独特的消费传统、偏好和禁忌。在跨文化管理过程中，管理人员必须"入乡随俗"，方能"适者生存"。

（6）价值观念

不同价值文化观念背景有着不同的价值观念，它们支配着人们的行为，影响着人们对事物的看法，如审美的标准、时间的观念，都会因地区（或民族）的差异而表现出不同的特征。这些价值观念上的差异，常常会使跨国或跨地区的管理人员感到困惑和苦恼。

（三）跨文化冲突

1. 文化冲突的概念

跨文化管理中常遭遇到的现象是文化冲突。文化冲突是指不同形态的文化或者文化因素之间相互对立的过程，简而言之，就是当文化差异未受到合理控制或管理时，所引起的以剧烈对抗形式表现出来的文化摩擦。一般而言，文化冲突对管理效率具有破坏性。

文化差异不等于文化冲突。文化差异具有稳定性，在一定时期内将长期存在；而且文化差异并不见得一定给企业的管理效率造成负面影响，只有当文化差异未得到合理控制或管理时，才会演化为文化冲突并对企业的管理效率产生破坏性的影响，所以一个企业完全没有必要投入大量力气去改变组织内的文化差异。相反，合理地利用文化差异反而会起到意想不到的促进作用。

2. 文化冲突的诱因

当跨国管理人员进入另一种文化时，面对着形形色色的陌生行为，常常会产生一种不安和敌意的心理，一旦有了导火线，文化冲突即刻发生。归纳起来，影响文化冲突的因素主要有四种：

（1）种族优越感

新进入某文化区域的跨国管理人员，往往带有一种种族优越感，即认定自己的种族优于其他民族，认为自己的文化价值体系比其他文化价值体系优越，处处以自我为中心，总是将自己的观点强加给当地员工。这种种族中心主义必将会遭到抵制，引发冲突，甚而引起怨恨。出现这种情况的主要原因是管理者对自己的管理风格存在有自豪感和优越感，这使他们很难接受对方的生活方式和管理方式。

（2）管理方式不当

跨文化管理就其主要内容来说是一门艺术。因此，在一国被证明是最好的管理方法，在另一国不一定也是最好的。真正有效的管理应该与当时当地的具体情况相适应，特别是与东道国的文化相适应。因此，一个精明的跨国企业的管理者不仅要具备在本土经营和管理公司的能力，更应具备在不同文化环境中从事综合管理的能力。如果片面以自我为中心，死守教条，不知变通，势必导致管理上的失败。

（3）不同的感性认识

感性认识是通过感觉器官对客观事物局部的、现象的和外在的认识。一个人独特的感性认识是在自己特殊文化背景中通过亲身经历获得并发展起来的，因此感性认识存在着某种惯性，它的变化总跟不上环境变化的速度。当进入另外一种文化环境中时，这种惯性常常导致错误的估计和判断。

（4）沟通误会

跨文化差异会造成沟通形式上的差异。人们对于时间、空间、事物、友谊、风俗、习惯、价值观等的不同认识，都给有效沟通带来障碍，从而导致沟通误会，甚而演变为冲突。

3. 文化冲突的不良影响

跨国（地区）管理人员如果不能很好地解决以上五个问题，必将会引发文化冲突。而文化冲突往往会带来一系列消极的影响：

（1）破坏跨国（地区）管理人员与当地员工之间的和谐关系

管理是"管"与"理"的有机统一。如果跨国（地区）管理人员不相信员工，只"管"而不"理"，这样下去，管理人员与员工之间的心理距离就变得更加疏远。这样的后果有：

①极度保守

当跨国管理人员与当地员工失去了和谐关系，管理人员也许只能按照呆板的规章制度控制企业的运行，对员工更加疏远；而与此同时，员工也多对工作变得不思进取，使得管理人员的行动计划实施起来更加艰难。结果是双方都不会有所作为。

②沟通中断

沟通中断管理人员与员工的距离大到一定程度，自下而上的沟通便自然中断，结果管理人员无法了解真情，双方在不同的方向上越走越远。

③非理性反应

管理人员如不能正确对待文化冲突，就会凭感情用事。这种非理性的态度很容易引起员工的非理性报复，结果误会越来越多，矛盾越来越深，矛盾和冲突也越来越剧烈。

④怀恨心理

对于发生的冲突结果，冲突双方如不耐心从彼此的文化背景中寻求文化"共相"，而一味抱怨对方的鲁莽或保守，结果只会造成普遍的怀恨心理。

（2）降低组织运行的效率

文化冲突往往会影响到公司的内部管理和外部经营。在内部管理上，人们不同的价值观、不同的生活目标和行为规范必然导致管理费用的增大，增加组织协调的难度，甚至造成组织机构低效率运转。在外部经营中，文化冲突的存在使得跨国企业无法以积极和高效的组织形象去迎接市场竞争，往往在竞争中处于被动地位机会。两种情况的共同结果是，组织运行效率降低。

（3）影响组织战略的实施

由于文化冲突和集体意识的缺乏，往往会导致组织程序紊乱，信息阻塞，各部门职责不分，相互争夺地盘，子公司和母公司的离心力加大，使得母公司对子公司的控制难上加难，从而造成企业结构复杂，运转不灵，反应迟钝，大大不利于组织战略的实施。

（四）跨文化管理的必要性

改革开放以来，中国经济迅速发展。中国经济日益呈现三种趋势：一是跨国企业越来越多；二是向海外拓展的企业越来越多；三是在国内跨地区经营的企业越多。由于不同国家地区之间文化差异的存在，跨文化冲突问题日益频繁。文化冲突问题的解决，迫切需要跨文化管理。

1. 入驻我国的跨国企业需要跨文化管理

随着改革开放的不断深入，入驻我国的跨国企业日益增多。在资金、设备和技术引进的同时，也带来了先进的管理经验，使得不同的价值观念、经营理念、管理方法、思维方式、道德和行为规范发生了正面的交汇和碰撞。如何通过跨文化管理提高经营效能已成为跨国企业管理面临的重大课题。

首先，跨国企业在经营管理方面必然要受到中国大环境的制约。一方面，要遵守中国的有关法规、制度；另一方面，其管理体制必须要与中国的文化相适应。因此，在符合国际惯例的前提下探索达到跨文化和谐的、具有中国特色的、与中国文化相适应的管理模式，是当前跨国企业急需解决的问题。

其次，文化差异具有双向性。因此，本土员工对跨国企业的管理方式也需要有一个适应的过程。因此，加强本土员工的跨文化沟通与培训也是一个重要话题。

2. 向海外拓展的企业需要跨文化管理

随着我国综合国力的提高和企业整体实力的增强，我国企业也开始向海外拓展。我国已在境外 120 多个国家和地区投资建立了企业。对于长期在国内实行"内向"经营的我国企业，要跨出国门，并避免跨国经营的失败，探索我国企业的跨文化管理，无疑更具有现实意义。

3. 跨地区经营的企业需要跨文化管理

绝大多数公司首先面对的是国内的市场。随着产品、服务市场占有率的提高，有些公司可能会选择在国内的其他地区建立分公司，以降低由于物理距离所导致的运输成本。另外，人力成本优势也可能吸引某些公司在当地建立分公司。例如，西部低廉的人力资源成本优势，决定了中国经济向西迁移的可能性和必然性。

然而，中国是一个地域广阔和民族众多的国家，也会存在着区域间的文化差异。如上海企业到新疆办厂，双方就有可能会因文化氛围、风俗习惯等不同而产生一系列的矛盾和问题。可见在国内，跨地区经营的企业也需要跨文化管理。

二、人力资源管理文化相对性

自从 20 世纪 60 年代以来，美国产生和输出了世界上最多的管理理论并涉及人力资源管理的一些关键领域，如激励理论、组织理论等。

那么，在一个国家发展起来的理论，在哪些方面以及可以在什么程度上能够应用于别的国家呢？

任何理论的提出者都是生活在特定的文化环境中的，所以任何一种理论都必然反映一定的文化背景。因此，美国的理论必然反映美国一定时代的文化。同理，意大利、英国、德国和法国的理论也反映了意大利、英国、德国和法国的一定时代的文化。又由于当代大多数理论家是中产阶级知识分子，因而，他们的理论就反映了一个国家的中产阶级的文化背景。

下面，我们从民族文化四维度及世界文化分类图的角度来考察各国在应用人力资源管理理论时的文化相对性。

（一）在应用激励理论中的文化相对性

美国激励理论代表人物及其理论思想有：马斯洛的需要层次论、麦克里兰的成就动力论、赫尔伯格的双因素理论、弗鲁姆的期望理论等。

这些理论的产生与美国的文化传统有密切的联系。美国是一个推崇个人主义的国家。这个国家极高的个人主义倾向，导致了需要用自我利益来解释行为，即人的行为动机是为了获得某种需要的满足。此外，美国的弱的不确定性避免和相对高的组合，说明这个国家的成就动机是普遍的。因为，成就动机就包含着人们乐意承担风险，同时又关心自己的成就的内容。

但是，另一些国家的情况就不同。例如，对于具有强的不确定性避免和男性度组合的国家（像德国、墨西哥、日本等）最需要的是成就加安全，而不是像美国那样的成就加冒险。

对于具有很强的不确定性避免和女性度组合的国家（如巴西、泰国等），最需要的是生活质量加安全。

对于具有弱的不确定性避免和女性度组合的国家（如丹麦、瑞典、荷兰等），最需要的是生活质量加冒险。

同理，在需要的问题上，德国、日本等国注重于安全需要第一，而巴西等国是安全与社会需要第一，瑞典等国是社会需要第一。

在对于诸如工作的人性化方面，美国是属于男性化社会，因而注重重建个人职业，实现工作丰富化。但是，在女性化占统治地位的北欧国家，如瑞典的"沃尔沃"汽车工厂，就强调建立半自主的班组，降低个人之间的竞争，增强健康的人际关系。

（二）在应用领导理论中的文化相对性

权力距离小于美国的国家（瑞典、挪威、德国和以色列）相当赞成由下属采取主动性的管理模式（工业民主形式），但不怎么赞成美国式管理。

同样采取工业民主的方式，在低的不确定性避免的国家，如瑞典，工业民主首先从地方实践的形式开始，到后来才形成一个立法框架。而在高的不确定性避免的国家，如德国，工业民主首先是由立法产生，然后再在组织中产生活力。

此外，领导者采取什么风格来进行领导，在很大程度上依赖于下属的文化条件以及不同的权力距离水平。

目标管理是一种领导方式，也是"美国造"的最流行的管理方法。但是，对于目标管理的理解，在不同国家也有区别。美国从其特有的文化出发，认为实行目标管理法应该有以下的先决条件：

1. 与主管人进行有意义的谈判时下属有充分的独立性（不太大的权力距离）

2. 上级和下属都乐于承担风险（低的不确定性避免）。

3. 上级和下属都认为成绩是重要的。

4. 德国是一个权力距离较低的国家，而同时具有高的不确定性避免，因而在实行目标管理法时，不接受风险和模棱两可的倾向，主张用相互赞成目标的非工人权威来代替主管人的裁决性权威。在德国，目标管理应理解为目标协商管理。

法国将目标称为目标参与管理。总的来说，目标参与管理在法国徒有口号，因为法国人从他们的童年起就习惯于大的权威，而目标管理法的先决条件是以内化了的目标形式作为非人格化的权威。

（三）在应用组织理论中的文化相对性

小的权利距离文化中人们喜欢决策的非集中化，而大的权力距离文化中的人们喜欢集中决策。在美国，增加薪水是由雇员的直接上司提出的；而在法国，是由上司的上司决定的。这种行政方式在法国人看来是非常自然的。

权力距离与中央集权化有关，而不确定性避免与形式化——对正式规则和规定的需要、将任务委派给专家等有关。为此，大多数法国的组织其"内含模式"是金字塔形的，表现为中央集权和形式化；德国的组织像是一架润滑的机器，表现为形式化但不是中央集权；英国的组织则是一个乡村市场，既不是形式化，也不是中央集权。

相比之下，美国的组织形式是一种处于"金字塔""润滑机器""市场"模式之间的组织结构权力形式，这种形式有助于解释为什么在非常不同的文化中，美国的工商业活动能够取得成功。根据美国组织的概念，层次本身并不是目标（如在法国），规则本身也不是目标，这两者都只是获得结果的手段，如果需要，它们是可以改变的。在向着矩阵组织或更灵活的组织体系发展时，可以打破层次和官僚的传统。

三、整合同化理论与跨文化管理

（一）整合同化理论产生的历史背景

跨国公司既是全球化发展的产物，同时它也大大推进了全球化的进程。它使不同国家和不同地域的人们比以往任何时代都有了更多接触，这种接触不仅在资本、技术、商品、劳务方面，还涉及深层次的文化、管理等。

跨国公司有很多特点，其中较突出的一个特点就是多元化。同时，多元化也成为今天组织的重要特征。对于"多元化"，人们有不同的理解，在这里，我们认为其核心是指多样性，它的外延包括管理方式多元化、经营多元化、产品多元化、投资主体多元化、培训方式多元化等。跨国公司的多元化特点主要体现在以下方面：

1. 文化背景多元化，主要指员工在种族和文化背景上的差异，如跨国公司的员工可能来自不同国家和地区，来自不同的种族。

2. 员工个体多元化，包括员工性别多元化、年龄多元化、心理多元化、生理多元化等个体因素上所存在的差异。

3. 其他多元化因素，包括员工学历、家庭与婚姻状况多元化，收入多少、社会地位、工作经验的差异等。

4. 跨国公司人力资源多元化使得管理多元化成为必要。多元化管理的一个重要任务是增强企业的凝聚力，保证组织成员一致的努力方向。

如何实现管理多元化？我们认为，整合同化理论是实现这一目标的有效方法和理论。整合同化理论是将企业多元的价值观转变为一个大多数员工认同的共同价值观念，即企业核心价值观，并使全体员工接受。整合（Integration）指跨文化企业主动组合内外部资源，在求同存异的基础上，将多元化价值观转化为企业新的共同价值观，它既来源于多元的价值观，又高于多元的价值观；同化（Assimilation），是组织对共同价值观进行确认，并使其成为绝大多数员工认同的观念。

（二）整合同化理论的特点及模式

1. 整合同化理论的特点

整合同化理论是共同管理文化模式的进一步推广与提高。其具有下面四个特点：

（1）该理论阐释具有中国特色的跨文化管理模式。在中国引入西方先进管理观念和方法时，在多元文化被整合，必须立足于中国传统的管理文化，只有适合中国国情的整合同化理论才能取得最终成功。

（2）整合同化理论进一步从系统论的观点，阐明了宏观、中观和微观三个层面的跨文化管理。从文化差异的宏观层面来看，跨文化管理需要对文化差异进行了解、适应和调整，达成整合与同化一这是整合同化的第一层面；就跨国公司内部的中观层面来看，要对企业组织内部各部门的不同文化氛围或背景进行协调，达到组织之间、团队与团队之间的协同合作，构建和谐而具有弹性的组织网络一这是整合同化的第二层面；就个体的微观层面看，不同社会文化背景的员工进入跨国公司后，需要多元化员工之间有良好沟通，对其实行多元化管理，调动和发挥其潜能，增进组织智商一这是整合同化的第三层面。这三个层面各自独立，同时又相互作用、相互影响。

（3）整合同化理论是在共同管理文化模式的基础上发展总结出来的理论，其主旨是体现不同管理文化"最佳协和"状态。其理论基础主要有：莫朗的跨文化管理理论，他以"最佳协和（Synergy）作用"来评价跨文化管理模式的有效性。阿德勒（Adler）也在其"文化协调配合论"中，提出了跨文化管理中文化协调的方向处理方法和有益建议等。美国学者斯蒂文斯提出了"组织模型理论"，对各国组织中权力距离、不确定性避免等特征进行了描述和分类。加拿大学者基林（Peter Killing）提出成功之道的标志及其遇到的障碍。毕密斯对发展中国家的合资企业的经营提出了一些准则。

（4）跨国公司面向的是瞬息万变的市场、多元化的员工、多元化的社会文化背景，因而客观上要求跨国公司的管理具有发展性、动态性。作为学习型的跨文化企业，必须根据现存的管理认知结构，主动同化和组织新的信息、顺应新的变化，在这其中，成功的跨文化管理必然是由跨文化企业作为一个行动中主动进行的。

2. 整合同化的过程

跨国公司的文化整合同化过程可以分为四个阶段：探索期、碰撞期、整合期以及创新期。文化冲突的高潮可能发生在碰撞期，也可能发生在整合期。

（1）在文化整合的探索期，需要全面考察跨文化企业所面临的文化背景、文化差异以及可能产生文化冲突的一些相关问题，并需要根据考察的结果初步制定出整合同化的方案。利用"公司简讯""公司各类会议"沟通不同文化团体之间的思想与行为模式的差异。应当列出各方的文化要点、对于公司的期望，并列表进行"相同点""不同点"的比较。经理们和职员们常用图解的方法来表示文化差异对他们的影响，这可为随后的跨文化分析提供可视化的起点。

（2）碰撞期是跨文化企业进行文化整合的实施阶段，也就是文化整合开始执行的阶段，这一阶段往往伴随着一系列管理制度的出台。因此，在这一过程中十分重要的是对于"障碍焦点"的监控。所谓"障碍焦点"是指文化整合过程中可能成为重大障碍的关键因素，它可以是某一个人、某一个利益团体、某种文化背景之下的一种制度等。随着文化整合的进行，障碍焦点将是一个十分活跃的因素。碰撞期由于不同文化的直接接触，发生冲突的情况是在所难免的，只是不同的跨文化企业的冲突类型不同、程度有所差异而已。因此，在碰撞期中把握好文化整合的速度和可能发生的文化冲突的强度，是监控障碍焦点过程中所必须注意的问题。

（3）整合期是指不同的文化逐步达到融合、协调、同化的过程，这是一个较长的阶段。这个阶段中的主要工作就是形成、维护与调整文化整合中的一系列行之有效的跨文化管理制度与系统。这是一个动态的发展过程，"整合一同化"在这一阶段体现得最为明显。跨文化管理中需要采取深度访谈等方式寻找适合于不同文化的"共同愿景"。

（4）创新期是指在文化趋向同化的基础上，跨文化企业整合、创造出新的文化的时期。这一时期的开始点相对前面三个时期来说是比较模糊的，因为很可能文化碰撞的过程就是开拓和创新的过程，而且应该说随着跨文化企业的成长与成熟，创新期的主题和过程会不断地进行下去，寻找出不同文化中的优点，摒弃不同文化中分别具有的缺点或不适应之处，促进一个创新的、充满生机的跨文化企业文化的整合形成，在文化碰撞的基础上创新出具有独特风格的跨文化的管理文化。

四、跨文化下的人力资源管理心理学的发展趋势

（一）跨文化管理策略

文化冲突对于跨国或跨地区经营的企业来说，有着消极的影响。为此，必须采取相应的策略来将文化冲突降低至最低程度。针对跨文化冲突管理，加拿大著名跨文化组织管理学家南希·爱德勒（Nancy J.Adler）提出解决组织内跨文化冲突的三种策略。

1. 凌越

凌越（dominance）是指在组织内一种民族或地域文化凌越于其他文化之上，并扮演着统治者的角色。相对而言，另一种文化在组织内的影响微乎其微：凌越的实质是一种文化占领或统治着另外一种文化。这种情况往往是，跨国公司直接将母公司的企业文化强行注入外国的分公司，对国外分公司的当地文化进行消灭，而只在国外分公司中保留母公司的企业文化。这种方式一般使用于强弱文化对比悬殊，并且当地员工能对母公司文化完全接受的情况下采用，但从实际的情况来看，这种模式采用得非常少。

2. 妥协

妥协（compromise），是指两种文化的妥协和折中。妥协不是一方投降另一方：而是不同文化彼此之间的互动，其实质是多种文化共存。这种情况往往是，国外分公司同时保留母公司的企业文化和当地的文化，两种文化共存，相互容忍对方文化的优缺点相互协调、相互补充。既不是母公司文化占领导地位，也不是当地文化占领导地位。这种模式一般适用于强——强或弱——弱文化联合，各自的优缺点都比较明显，并且能够相互补充。这种情况也比较少见，因为两种不同的文化毕竟很难协调，冲突难免发生。

3. 融合

融合（synergy）是不同文化间在承认、重视彼此间差异的基础上，相互补充、协调，从而形成一种和谐的组织文化，其实质就是创新。这种情况下往往是母公司的企业文化与国外分公司当地的文化进行有效的整合，通过各种渠道促进不同的文化相互了解、适应、融合，从而在母公司和当地文化基础之上构建一种新型的国外分公司企业文化，以这种新型文化作为国外分公司的管理基础。这种新型文化既保留着强烈的公司企业文化特点，又与当地的文化环境相适应，既不同于母公司企业文化，又不同于当地企业文化，是两种文化的有机整合。从实际情况来看，国外跨国公司大都采用了这种模式。

（二）跨文化下的人力资源管理措施

解决或降低文化冲突，无论采取哪种战略都不可能一蹴而就，必须采取有效的措施才能达到文化协同。从人力资源管理的角度来说，可取如下措施。

1. 认识跨文化差异

文化冲突多源于企业中存在的文化差异。因而进行跨文化管理首先要分析和识别文化差异。

认识文化差异具有两层含义：一是要认识当地文化如何影响当地员工的行为；二是要认识母国文化如何影响母公司派去的管理人员的行为。"要认识他文化，首先必须认识自己的文化。"只想了解他文化的差异而不想了解自己文化的差异是不够的。

把不同类型的文化差异区分开来，就可以有针对性地提出解决文化冲突的办法。一般而言，因管理风格、方法或技能的不同而产生的冲突可以通过互相传授和学习来克服，较容易改变；因生活习惯和风俗的不同而产生的冲突可以通过文化交流来解决，但需要较长时间；因人们基本价值观念的差异而产生的冲突，往往较难改变。

2. 选拔跨文化人员

要具有良好的敬业精神、技术知识和管理能力外，还必须思想灵活，不守成规，有较强的移情能力和应变能力；尊重、平等意识强，能够容忍不同意见，善于同各种不同文化背景的人友好合作；在可能的情况下，选择那些在多文化环境中经受过锻炼的人及懂得对方语言的人。

要解决好文化差异问题，搞好跨文化管理有赖于一批高素质的跨文化管理人员。因此，双方在选派管理人员时，尤其是高层管理人员，除了要能够贯彻总部的战略，忠实代表和维护总部的利益，具有丰富的专业知识、管理经验和较强的管理能力之外，尤其要具备在多元文化环境下工作所必需的特定素质，因此，在忠诚和才干的标准之外，跨文化管理人员的选拔应侧重于考察其能否承受异国文化的冲击，是否善于控制和调节自身去适应不同的民族文化，即对不同文化的适应和协调能力，包括民族优越感倾向、对多元文化的体验、认识承受能力、行为承受能力、专门的文化知识、一般的文化知识、文化行为和人际交往的敏感性等。跨文化管理人员的选拔不外乎有三个渠道，即从母国外派从东道国选拔和从第三国选拔，每种方式各有利弊。

对我国而言，胜任跨文化环境下的管理人才资源还相当有限。人才是跨国企业最宝贵的资源，已成为企业竞争力的核心。制约我国企业跨国经营的人才瓶颈主要是外语沟通能力差，对国外的文化（尤其是拉美、非洲国家）了解偏少。这需要加强与国外的文化交流与合作，企业要多与国内国外的高校展开培训交流计划。

3. 开展跨文化培训

跨文化培训是解决文化差异，避免和解决文化冲突问题最基本、最有效的手段。跨文化培训有两个主要内容：（1）系统培训有关母国文化背景、文化本质和有别于其他文化的主要特点。（2）培训外派管理人员对其他国家文化特征的理性和感性分析能力。

其中，最常见的培训方法是敏感性训练（也叫 T 小组）。文化敏感性训练的目的是加强人们对不同文化环境的反应和适应能力。在许多大型跨国企业中，文化敏感性培训通常采取多种方式，具体做法有：

①文化教育

即请专家以授课方式介绍东道国文化的内涵与特征，指导学员阅读有关东道国文化的书籍和资料，为他们在新的文化环境中工作和生活提供思想准备。

②环境模拟

即通过各种手段从不同侧面模拟东道国的文化环境。模拟培训的目的是把不同文化环境中工作和生活可能面对的情况和困难展现在学员面前，让学员学会处理这些情况和困难的方法，以提高自己的适应能力。

③文化研究

即通过学术研究和文化讨论的形式，组织学员探讨东道国文化的精髓及其对管理人员思维过程、管理风格和决策方式的影响，提高他们诊断不同文化交融中疑难问题的能力。

④外语培训

语言交流与沟通是提高对不同文化适应能力的一条最有效的途径。语言培训不仅仅要使学员掌握语言知识，还要使他们熟悉东道国文化中特有的表达和交流方式，如手势、符号、礼节和习俗等。

⑤组织活动

组织各种社交活动，让学员与来自东道国的留学生和工作人员有更多接触和交流的机会。

实践证明，比较完善的文化敏感性训练可以在较大程度上代替实际的国外生活体验，使外派的管理人员在心理上和应付不同文化冲击的手段上做好准备，减轻他们在东道国陌生文化环境中的不适应或痛苦的感觉。

4. 加强跨文化沟通

人与人之间的误解、冲突大多是因为沟通不良引起的。语言的不同和文化背景的差异加剧了沟通的困难性。因此，不同文化背景的人彼此相处，必须建立跨文化沟通的机制。企业管理者需要有意识地建立各种正式的和非正式的、有形的和无形的跨文化沟通组织与渠道。

5. 促进跨文化融合

经过前几个步骤，管理人员提高了对不同文化的鉴别和适应能力，并在对文化共性认识的基础上，建立起与公司总体跨国经营战略相一致的文化。这种文化把每个员工的行为与企业的经营业务和宗旨结合起来，加强国外子公司与母公司的联系，增强企业在不同国家文化环境中的适应能力。显然，成功地建立这样一种组织文化。要求企业通过文化的识别、选择和认可，把带入企业的不同文化有效融合在一起。文化选择的一般规律是选择那些与自身文化相契合的东西，同时兼顾选择和吸纳外来文化中优秀的东西。在海外企业中，只有融合不同文化的优秀内涵，才能真正做到优势互补。因此，文化认同是跨国企业文化差异的价值观形成和发展的重要动力。

　　文化的多元化将给跨国企业增添新的生机和活力，充分利用个体的差异和群体成员之间的差异来提高企业的创造、革新能力以及适应环境变化能力，即通过跨文化管理不同语言、文化和价值观的个体协调融合在同一个企业里。企业全球化融合了世界上不同的语言、文化和价值观，形成了协调配合的组织，而这种组织所产生的新管理，超越了非全球化企业的组织模式，为全球化企业提高了生产力，增加了财富。

　　总之，中国企业国际化的序幕已经拉开，国际化的步伐越迈越大。掌握跨文化管理的艺术与技巧是我国企业能从容驰骋于国际舞台、实现成功经营的保证。

第七章　人力资源管理的新发展

第一节　跨文化人力资源管理

一、人力资源国际分工化

（一）企业的国际化

1. 跨国公司

跨国公司是指以国际市场为生产经营导向，通过对外直接投资、兼并收购等手段，在国外设立相应的生产或服务设施，广泛利用国外的生产资源，在不同的国家和地区的一个或多个领域从事生产或服务经营活动，具有统一战略与组织结构的企业。一般地说，跨国公司具有以下重要特征：

（1）跨国公司在两个以上（包括两个）国家进行相关产业的生产经营活动，并通过完善的内部组织进行跨边界或者跨行业的业务。

（2）跨国公司从事的工作是研发、制造和服务等经营活动。

（3）跨国公司所有权具有多样性，既可以是多国性的（合资企业），也可以是一国性的（独资企业）。

（4）跨国公司拥有世界各个地区的员工，企业内部的管理活动具有明显的跨文化特征。

2. 企业国际化的动机

激烈的国内竞争迫使国内企业向国际化方向发展，尤其在发达国家国内市场基本饱和的前提下，通过对外投资开发全球市场，以获取新的竞争优势成为企业发展的一个总体趋势。企业对外投资可以分为对外直接投资和对外间接投资。

（1）对外间接投资

对外间接投资是指跨国企业以知识、技术、股票、债券等非资金方式进行的一种对外投资活动。间接投资者通过对相关资料的收集，可以科学分析间接投资绩效，合理选择投资渠道，比如是通过购买股票进行投资，还是通过技术合作入股等，跨国企业通过对投资企业的经营绩效的分析和观察，决定是否增加间接投资项目和资金。

（2）对外直接投资

对外直接投资是指跨国经营的公司通过现金、实物以及无形资产等方式在国外建立起的销售渠道、原材料基地。或者通过直接投资建厂等方式达到控制经营管理权和收益的目的。

对外直接投资是一项双赢的活动。因为它不仅会增加投资输出国在国际市场上的竞争优势。而且还能够增加被投资国的财政收入、促进其科技进步和劳动的就业安置。现代意义上的对外直接投资已经不再是简单的资本流动，而是各种生产要素组合（资本、技术、经营管理知识）的总体转移。随着生产要素的转移。工人技术培训、经营管理和市场营销等技能也会随之发生转移，其实质是先进生产力的转移。

3. 企业国际化的阶段

美国著名学者帕尔马特（Palmet）认为，企业的经营和发展方向大致可以分为三个类别，即面向本国的，其称之为民族中心的企业发展类型；面向东道国的，其称之为多中心企业发展类型；面向全世界的，其称之为全球中心的企业发展类型。跨国企业的发展是一个曲折的过程，一般来说企业从走出国门开始。其国际化的历程可以大致分为五个阶段：

（1）国内运作阶段。这一时期的主要特点是企业的产品市场和经营重点全部都放在国内。

（2）出口运作阶段。这一时期企业通过进口运作获取利润，随着企业规模的扩大，市场逐渐向其他国家拓展。这一时期的特点是生产线和重要科研设施在国内的市场重心逐渐向国外转移。

（3）设立分公司或合资经营公司阶段。这一阶段母公司的生产和经营重点都开始向国外转移。如企业的物质设备、科研设施等。

（4）多国公司阶段。在多国公司阶段企业蜕变为成熟的跨国经济体。即完整的多国公司（MNC），总公司将生产线和其他设施都放在国外经营。

（5）跨国公司阶段。在跨国公司阶段总部的海外子公司就可以被称为全球公司了，因为这一时期总公司与分公司的联系已经减弱，分公司具有了充分的经营自主能力和权力，比如各国的分公司都有人事任免和风险决策的能力。

由于历史、经济、文化以及地域等方面的原因每个企业都面临着不同的经营和发展环境，其国际化经营的战略和发展方式也不同。

跨国经营是大型企业发展的一种趋势，究竟哪种发展模式最好，应该根据企业自身的发展情况具体而定。我国企业的跨国经营形式也是多种多样的。但总结起来主要有以下几种：

①当地设厂，冲破贸易壁垒，然后在当地树立品牌形象。

②收购知名品牌的形式。

③第三种是同世界知名企业合资经营，进入市场。

④支持赞助的形式，通过参与国外各种文化和体育活动，走出国门。

（二）劳动力的国际分流

生产的国际化使劳动分工更加精细，劳动标准和工作质量要求更加严格。南北分工体系就是一种根据各国比较优势集中生产某些产品，通过国际交换获利的一种劳动分工、劳动力分流的体系。在这一体系中，北方国家（主要指发达国家）主要从事生产资本密集型、科技技术密集型产品，而南方国家（主要指发展中国家）则主要生产劳动密集型以及原材料加工等低端产品。

二、以文化为导向的人力资源管理

（一）跨文化人力资源管理的内涵

1.跨文化人力资源管理的含义

跨文化人力资源管理是指跨国企业在其国际化的生产和经营活动当中对来自不同国家和地区，具有不同文化背景和文化差异的人力资源进行获取、融合、保持、培训、开发和调整等一系列的人力资源管理活动或者过程。

2.跨文化人力资源管理的特征

在企业的国际化经营中，跨文化的经营环境、国际化的运营特征以及管理人员的态度和方法，对企业进行跨文化人力资源管理具有重要的影响，在不断摸索和实践过程中总结出了跨文化人力资源管理的两个重要特征。

（1）多元性

跨文化人力资源管理具有多元性。这种所谓的多元性是指跨国公司人力资源的多种民族、多种文化并存的特征。

跨国企业人力资源管理的多元性首先体现在员工各自不同的文化背景，在公司与员工存在着巨大文化差异的前提下，企业管理目标的理解、执行和评价都不可能执行统一的标准，因此国际化员工所组成的工作群体容易形成不同文化派别，使人力资源管理更加复杂和困难。

从企业进行跨文化人力资源管理环境和过程看。企业的国际化过程其实就是从单一的文化环境向多元化的文化环境逐步转变和过渡的过程。

（2）变革性

从企业国际化运营过程看。跨文化人力资源管理在不同的国际化发展进程中，有不同的战略目标和管理方式。一般来说在企业国际化的初级阶段以及接下来的发展阶段，大部分企业会采取母公司战略和多国战略相结合的人力资源管理战略和管理模式。在这个阶段之中，企业总部及其外派人员的管理中，采用总公司制定的人员的招聘选拔、工作分析、工作业绩考评和薪酬管理；而分公司则更为重视多国市场的发展，融入当地经济体系是其经营管理的一个基本目标，因此分公司对人员的管理以当地人为主。

从国际化管理的技术手段看，传统的面对面管理模式虽然在发展节奏上已经很难跟上企业国际化的潮流，但目前仍然是企业人力资源管理的主要途径。但随着信息技术和跨国虚拟企业的发展，人员虚拟管理方式正在不断更新跨文化人力资源管理的手段。

从跨国公司管理人员的态度看，随着经济全球化的纵深发展、传统社会文化的丰富和价值观念的逐步转变，跨国公司思想观念和管理哲学都发生了重大的变化。与此同时员工个人的国际化观念以及对不同文化的接受程度都在变化之中，因此企业只重视总部人员管理的种族中心管理意识和态度已经不能满足企业发展的基本需求，应该进行适时地调整向重视东道国及当地人员的多国中心管理理念倾斜，并朝着全球中心和无边界人员管理理念发展。

总的来说。跨文化人力资源管理不是一件一朝一夕能够完成的事，因为无论是管理的对象、管理任务、还是管理方法，其多元性和不断变革带来变化的复杂性使其成为一件极具挑战性和持久性的工作。

3. 跨文化人力资源管理范畴

跨文化人力资源管理的基本依据是企业的国际化经营战略，同时跨文化人力资源管理也是企业国际化战略的重要组成部分。一般来说。跨文化人力资源管理功能的基本管理范畴除了包含一般企业人力资源的所有功能管理项目之外，还包括更为丰富和更具挑战性的工作。

由于历史原因，企业国际化的主要发生地大多都是具有一定经济规模的发达国家，发达国家更是在跨文化人力资源的管理上一直扮演着主要的角色。在长期的管理实践中人们形成了一个错误的认识，即跨文化人力资源管理范畴就是对跨国公司外派人员管理，尤其是发达国家跨国公司外派人员的管理。然而，随着对人力资源管理认识的不断加深和经济全球进程的加快，已经有越来越多的发展中国家正在参与到国际人力资源管理这一领域，我们不能将跨文化人力资源管理的范畴局限在对发达国家外派人员的管理上。

现代跨国公司的人力资源管理除了包括母公司外派人员管理，更包含了东道国本地人员的管理以及全球化的人力资源配置和管理等更加丰富的内容。关于跨文化人力资源管理的管理范畴，我们总结为以下几个方面：

（1）跨国公司外派人员管理；

（2）海外公司人力资源本土化管理；

（3）跨文化培训与开发管理；

（4）跨文化冲突与沟通管理；

（5）跨文化劳动关系管理；

（6）跨国公司研发人才管理；

（7）跨国并购中的人力资源管理；

（8）跨文化虚拟企业人力资源管理。

（二）跨文化管理理论

1. 文化维度论

文化维度是一个重要的跨文化管理理论，具有广泛的认可度，其主要的管理学观点是以企业文化的基本要素为基础对企业的人力资源进行管理。跨文化管理理论的主要代表人物有霍夫斯泰德、豪斯、霍尔、达蓬那和克拉科恩等人，其霍夫斯泰德是这一理论的创始人，对这一理论流派具有重要的影响。

美国文化人类学家克拉科恩（1961 年）对 160 个文化定义进行了充分的调查和分析之后认为"文化是由各种外显和内隐的行为模式构成的，这些行为模式是通过符号习得和传播的，它们构成了人类群体的独特成就，其中包括体现在人工制品方面的成就。"

豪斯（House）等人认为"跨文化的要素主要有绩效导向、未来导向、人员导向、性别平等、权利距离、制度集体主义、团体集体主义、风险避免性等。"

霍尔（Hall）认为"时间要素、信息流要素、高结构关系与低结构关系、空间理论构成了跨文化的影响要素。"

特姆朋纳（Trompenaars）认为"跨文化的要素应该是地位、成就、归属、时间、情感性、特殊性、弥漫性等。"

施瓦兹（Schwaz,1992）认为"文化要素包括自我表现导向、激励、快乐主义、成就、权力、安全、归属、传统、精神、仁爱和世界主义。"

当这些因素因为企业或者个体的行为不同产生差异时，就会产生"文化接受"的问题。相应文化圈内会表现出接纳或者反对的态度。

2. 个性特征论

随着经济全球化发展的不断深入，文化变量的研究逐渐变得具有越来越高的实践价值，如果在企业的跨文化人力资源管理中只注重形式。却忽视文化对个性形成的作用，不仅仅难以得到好的实施效果，反而会引起个体反抗。一般来说。在一个新的经营和管理环境中。跨文化人力资源管理的最主要任务即是帮助员工减少文化隔膜尽快融入企业，并且也是各个企业在进行跨文化人力资源管理时难以绕过的一个问题。因此，企业只有通过跨文化学习，才可以开发出更有创造性、更有成效的管理方法。

有研究证实"员工的行为导向决定着跨国公司的工作风格和建设优秀团队的文化策略"。因此，需要进行跨文化人力资源管理的企业需要学会调整和优化组织成员的行为，并将这种行为逐渐演变成个人习惯，比如说主动进取、友好合作、敬业、服务等。

个人的心理结构十分复杂，任何一个因素的变化都有可能引起个人心理状态的起伏。一般来说，心理状态对跨文化管理的影响主要表现在以下两个方面：

（1）心理状态的不同，会改变个体对不同文化的认知模式、个体情感及其表达方式，并且与新文化环境中其他个人的交流态度也会受到心理状态的影响。

（2）个体表现出来的心理活动的速度、强度和平衡度。个体心理特征和跨文化环境的有机结合，影响了跨文化人力资源管理的效果。

（三）人力资源管理的跨文化认知

1. 跨文化认知的过程

我们这里所谓的认知，是指个体认识事物的方法和途径，同时也是个体对外界信息刺激进行收集、组合、评价、接收的过程。

跨国公司是跨文化认知发生的基本环境和前提，在这一环境中，个体对不同文化的认知和接受程度是随着对工作环境的熟悉和员工交流的深入不断提升的。在企业员工认知提升经历了一般感知、文化震颤、文化碰撞、文化认识、文化认同以及否认的整个过程。

2. 跨文化认知率

跨文化认知率对跨文化认知的量化理解。它代表着个体对其他文化了解掌握的程度。跨文化认知的数学含义是跨文化相关文化知识的数量和员工对相关文化知识所掌握的数量之间的比例。

开展跨文化人力资源管理的起点是掌握员工对其他文化的掌握程度和接受程度，同时这也是衡量跨文化人力资源管理水平的一个关键指标。跨文化认知率可以有效帮助企业完成这一工作，并且精确的数字化结果的表述还可以增强这一工作的准确性。一般来说，公司总部的外派管理人员通常不是东道国的常住居民，因此他所掌握的有关部门在东道国企业的组织结构层次、职务薪酬的知识信息和东道国企业自身组织结构层次和职务薪酬的知识信息之间以及东道国执行的习惯方面具有很大的差异。并且进行跨文化认知率的计算可以准确地反映出外派管理人员的跨文化认知水平。

3. 跨文化认知障碍

跨文化环境中。由于人们对彼此的生活习惯、风俗忌讳等不甚了解。因此常常发生误解。这种误解在主观上不是故意的，它的存在主要是跨文化的认知障碍造成的。我们这里所说的跨文化认知障碍就是不同的个体对不同文化认知的偏差。一般来说，跨文化的认知障碍主要有三种表现。

（1）不当解释

不当解释多是由于语言障碍产生的。即基于自身文化环境对其他文化的信息进行的不符合其本来面目的翻译或者解释。特别是对于相互信息封锁。缺乏沟通的环境之下，仅凭个人臆测很容易形成不当解释和语意的曲解，严重时甚至造成双方的互相敌视。

（2）不当归类

个体用自己文化背景下的认知模式对其他文化背景下的信息进行分类的处理，这时由于个体缺乏对其他文化的认知，很可能会对信息采取不符合实际的分类。

（3）不当模式化

模式化是个体对信息接收以后形成的思维模式，即一种思维定式。这种思维定式一旦形成，就会形成对外部信息的自动化分类、归纳、判断。具有不当模式化的个体容易对其他文化形成偏见。

三、跨文化冲突与人员整合

（一）跨文化冲突

1.跨文化冲突的含义

企业组织的跨文化管理中员工个体之间由于文化价值观和利益观不同，会经常性地产生不快或者摩擦，如果这种状态一直持续就会演变成冲突。我们称在跨国公司内部由于各种因素导致的员工个体之间的冲突为跨文化冲突，但是这只是一个泛泛的概念，其正式定义一直没有达成统一。

学者赵世伟认为"跨文化人力资源冲突是因为不同国家、不同形态的文化或者文化要素之间相互对立、相互排斥的行为过程。是来自不同国家和地区，拥有不同教育和文化背景以及价值观体系的员工管理层之间的冲突。"

跨文化冲突是指不同形态的文化或者文化要素之间相互对立、相互排斥的过程。这里所说的跨文化冲突主要包括两层次的含义：

（1）跨国企业在他国经营时与东道国的文化观念不同而产生的冲突；

（2）企业内部由于管理层之间、员工之间的价值观和行为方式的不同而引起的领导层之间、员工之间以及员工和领导层之间的冲突。

在跨文化人力资源管理的实践当中，跨文化冲突主要表现在海外公司并购方人力资源管理理念、方法与被并购方本地员工固有的文化观念、习俗之间。从本质上来看，这些冲突属于文化群体之间的文化理念冲突。

2.跨文化冲突的反应

（1）组织反应

我们从组织的角度来看跨文化冲突，可以发现各种分歧事件是跨文化并购的结果，这种分歧不仅表现在不同文化背景下经营利益分歧、战略目标分歧、管理方式分歧这几个方面上，还突出地表现在员工之间文化价值观的分歧上。跨文化管理中存在的这些分歧充分表现了跨文化人力资源管理的复杂性。

（2）个体反应

个体在跨文化人力资源管理中也具有十分重要的作用，因为个体对待他人和其他文化的态度和他人对待自己以及自己文化的态度深深地影响着跨文化环境中的行为趋向。国外的研究机构进行过一项调查，最后他们得出了个体对待他人和自己的态度可以区分出四种交往模式，即包容、合作、屈从和冲突。

当跨文化企业管理者进入文化差异区开展工作时，经常会因为自己在自身所处的文化环境下形成的个性特征与管理目标人群不相符产生沟通障碍，因此衡量一个跨文化管理者是否合格的关键就是能否理解受特定文化影响的员工个性特点。无处不在的跨文化认知障碍、沟通障碍，员工强烈的种族优越感都是引起文化冲突的重要原因，但究其根本都是利益上的分歧。这些因素造成了文化冲突。引起沟通中断和非理性认识反应。

（二）跨文化冲突的人员整合

1. 沟通管理

跨国公司的并购对企业的跨文化管理是一个巨大的挑战，在完成整个并购过程当中，良好的人力资源开发系统是保证其顺利进行的基础。一般来说，企业的跨文化人力资源管理的指导方针就是要在跨国公司内部持续地进行对话。这种对话不仅包括领导者之间的对话，还包括企业领导者员工之间的对话。通过对话和交流，跨国并购公司可以明确自己的跨文化管理理念和方法，并对并购企业员工的文化价值观进行全面的了解，对保证自己的管理措施在并购后的企业得到贯彻和执行具有重要的意义。建立沟通网络可提高并购双方的凝聚力，提高企业的管理水平、员工的工作生活质量和促进员工的职业生涯发展。

2. 员工期望值管理

企业在实施并购后，进行企业内部的基本情况调查，可以及时了解员工的新期望值。以便对管理制度和管理方式进行调节。同时这也是人力资源管理的最重要的任务之一。

进行企业基本情况调查了解员工对并购后新企业的期望值（薪酬、福利、管理方式等），可以提高员工的凝聚力，并激励员工的工作热情和责任感。思想的统一，凝聚力的加强可以有效地减少各方员工的动机、目标冲突，并且可以保证有针对性地对已经产生的冲突进行调解。

在跨国并购中人力资源管理部门的作用十分重要，因为其担负着了解并购双方企业员工的情况（员工数量、员工质量、人员规模、教育水平、技能素质等）的重要任务，并且在调查完成后还要有针对性地对企业的期望值进行比较，以帮助企业的高层管理人员制定出符合并购企业具体情况的管理措施。

3. 员工安置管理

在并购中，并购企业的人员安置是并购面临的最大障碍，如何正确地引导新企业员工的日常工作走上正轨，避免因并购产生的各种非理性行为是企业不得不面对的问题。另外，引导并购企业管理层按合理、合法的程序并购。减少失业等问题对员工和社会产生的冲击也是企业必须要妥善解决的工作。

4. 人员流动管理

因为经营和管理结构的巨大变化。跨国并购必然会伴随着人力资源的调整，出现人才流失现象。特别是被并购的企业。这种现象极为常见且多为高级管理人员、技术人员以及其他关键性人才。

造成跨国并购企业出现人才流失现象的主要原因有以下几个方面：

（1）担心在新企业和文化环境下的适应性。被并购企业员工离开企业，向外流动的根本原因是企业制度和文化在合并时产生的冲突和对抗。

（2）被并购企业在其控制权完成转移后，其部分员工产生消极和对抗的反应，对其他员工造成影响。最终导致其离开企业。

（3）并购会带来业务的重叠，这必然造成一部分人员流失，这种不确定性使一部分未被波及的员工感到前途的迷茫，导致凝聚力下降和人才流失。

（4）在企业并购期间。被并购企业的组织结构大部分情况下会被破坏重组，新管理层的出现有可能意味着使被并购人员的职务和地位的下降，形成较大的心理落差。

（5）不喜欢并购后新的企业文化和企业制度，感到与自身价值观有冲突，难以适应，或者民族主义情绪的对立等。

第二节　面向未来的人力资源管理

一、未来的企业组织

随着科技的不断进步和人们对人力资源管理认识的不断加强，未来的企业组织呈现出以下几个发展特点。

（一）网络化

在相当长的一段时间内。人力资源管理理论和实践都是以管理学强调的个人权、责、利分明的直线式管理为基础的。随着生产关系的不断完善，这种原始的管理模式已经落后于时代发展的节奏，因此未来组织为了更好地适应环境，多部门、多群体之间的边界是"可渗透的"或"半渗透的"而不是封闭的。

就目前企业在网络化建设方面取得的成就而言，我们可以看出以下一些特点：

1. 企业组织的活动是以工作小组或者工作团队作为基本工作执行单位的，并且跨越原有的以个人和群体为基本单位的职能范围。在这种工作模式中。一个团队的工作成员，既有来自开发部门的也有来自销售和财务部门的，其单独处理工作问题的能力是原始工作模式不能比拟的。

2. 企业网络化管理和运营可以获得更多、更全面的横向的以及纵向的信息，并且可以促进各个部门沟通，加强各部门的协作。

3. 可以更好地满足客户的需求，同时与供应商保持更加密切的联系。

4. 可以与企业的利益相关者保持更良好的关系。

（二）扁平化

扁平化是一种管理效率很高的组织结构模式，因为在扁平化的企业组织结构中的管理层次减少，意味着管理幅度和管理效率的提升增加。因此，在现代企业经营中许多国际性大公司正在不断地取消中层管理人员，这种扁平化的企业组织形式也是未来企业管理和人力资源管理发展的一个重要方向。

1. 应对日趋复杂的环境变化

由于市场的变化速度越来越快，经济形势也变得更加复杂多变，这对企业的快速应对能力做出了极高的要求，显然原来的垂直式管理模式的低效率已经不能满足现代市场的发展需求。因此扁平化管理必然越来越受到企业的重视和欢迎。在管理中企业应该授权给较低层次的员工决策权与解决问题的权力，进而提高企业的竞争力。

2. 信息技术的快速发展

随着科技的进步，信息技术的发展日新月异，在这种背景之下企业办公自动化日益普及，比如原来传递一份需要几天才能完成的，现在只需要几分钟甚至几秒钟就能完成。

3. 人力资源成本上升

企业要在竞争中想要获得胜利，就必须进行技术或产品创新，努力提高企业的生产率，而降低成本（或投入）是一个重要措施，而目前人力资源成本节节攀升，减少人员成了许多企业无可奈何的选择。员工的质量比数量更宝贵，这是一个重要的原因。未来企业组织对员工要求势必会朝着少而精的方向发展，在这种情况下企业既可以保证员工的待遇水平，又可以提高企业的生产率。

（三）灵活化

灵活化是指为了满足员工、客户和其他重要的企业利益相关者的各种各样需要。因此在有多方利益需要维护的情况下，企业必须打破常规，采取灵活并且具有活力的管理模式和方法。

在传统的企业组织管理中，员工的行为都有严格的规章制度进行规范。其目的是显示企业管理的公正、公平与岗位职责分明。但是，以创新为主的未来企业工作需要员工的主动性、自觉性才能保证工作高质量地完成，因而，灵活化是对高素质员工的一种挑战。

一般来说。促使未来企业组织灵活化的主要动力有以下几种。

1. 激烈的竞争

现在越来越多的客户要求企业为他们特制一些产品或为他们提供一些特殊的服务，否则，企业就没有竞争优势。原来企业中按规定生产出来的产品，或按规范提供的服务，在市场上往往受冷落。

2. 多元化员工

随着经济的全球化程度的不断加深和交通工具的不断进步，地球变得越来越小了。

未来企业员工将呈现出多元性的特点，他们来自不同的国家、有不同的文化背景，不同的生活方式。因此，企业不能用一种方法来管理所有的员工，应该根据实际情况采取差别化管理。

3. 环境的复杂性与不可预测性

在日渐复杂的经济环境下，企业所处的经营环境也越来越多变，不断出现的新要素会给企业的经营和管理带来计划外的变数。企业的独立性日趋下降。而环境的复杂化。使许多方面的不可预测性正在提高。如果企业的管理方式不能有所改变，依旧根据原来方法去应付新的环境，那么该企业必然会走进一个恶性循环的死胡同。

员工多元化、职业途径的多元化和激励系统的多元化是企业内部经营环境复杂性的主要表现。

（1）员工多元化主要表现为：企业的员工来自不同的国家和地区，全职、半职、临时员工等齐全的员工类型。

（2）职业途径多元化主要表现为：员工的工作目标发生改变，不再将晋升作为自己工作的主要目的，而是更多地把自己的精力投入自己喜欢的工种或者企业当中。

（3）激励系统多元化主要表现为：相比于物质激励。员工更注重精神上的激励，而精神激励灵活的执行方式。为企业的管理人员提供了一个广阔的管理空间。

（四）全球化

全球化，我们又称之为国际化。其具体含义是指未来企业组织的经营活动往往不局限于地域限制，而是立足国际市场，在全球范围内开展生产和经营活动。

企业走向全球化受到下列因素强烈推动。

1. 降低成本

这是企业全球化的最强大动力，又可以分为以下几个方面。

（1）降低原材料运输成本。原材料是企业成本的主要构成要素之一，如果企业能够在原材料的生产国进行生产活动，可以大幅度地降低运输成本。

（2）降低劳动力成本。企业的经营和运转都是必须依靠各个岗位上的职工，在全球化中劳动力水平较高的国家可以在劳动力成本较低的国家和地区进行产品的组装或生产，获得竞争优势。

（3）降低办公费用。如果生产和销售都在一个国家内进行，交通费、通讯费的成本一定可以下降，而未来企业组织的市场一定是全球性的。

2. 市场的全球化

随着各种文化的交流和融合。世界各国人民对生活水平和生活质量的要求也在逐渐趋向一致。就这个趋势而言，世界各国的整体消费水平正在不断提高，在许多国家，国际著名品牌的需求量越来越大。为了保护本国的相关产业，各国或多或少都会存在一些贸易壁垒，但在这种大的需求趋势之下，度身定制的产品和服务获取全球市场份额的机会并不会减少。

3. 激烈的竞争需要

竞争会促使企业采用新技术或者新工艺提高产品的质量。降低产品的价格，而要提供高质低价的产品全球化是一种很好的形式。因为在新技术和新工艺难以取得突破时，跨国经营的企业可以在 A 国利用雄厚的科技力量开发新产品，在 B 国利用当地廉价的原材料，在 C 国利用便宜的人力资源，在 D 国以较高的价格满足市场的需求。

二、未来的人力资源管理

未来企业的利益相关者主要有六大类：本企业、投资者（股东）、客户、员工、社区和战略伙伴。

（一）为本企业服务

人力资源管理的基本宗旨是为企业战略目标的实现服务。我们在人力资源管理中应该集中精力、抓住重点，为企业战略目标的实现提供帮助。一般来说企业的人力资源管理应该从以下几个方面着手为企业战略服务。

1. 提高企业生产率

生产率是指通过每个员工的努力，提高企业产品和服务的价值。提高生产率这对于任何一家企业来说都是极其重要的。因为无论采取何种措施来提高企业利润，都是以生产率为基础的。在未来的企业发展中。通过卓越的人力资源管理技术和方法来提高生产率变得更具价值和战略意义，当前日趋激烈的企业竞争，归根结底是人力资源（即人才，尤其指高端的技术人员和高层企业管理人员）的竞争。中国企业如果想要在全球化的浪潮中激流勇进，在提高企业生产率方面还有许多路要走。

2. 提高经营利润

一个企业如果长期不盈利，必然会因为缺乏运转资金而倒闭，一般来说企业提高其经营利润主要会涉及开发新产品、生产高质量的产品、降低运作成本、开拓新市场等几个方面的内容。从岗位职能、工作质量到岗位内容的设计这些方面都和人力资源管理有着密切的关系。

3. 确保企业生存

市场和经济环境复杂多变，企业外部环境和内部环境也随其不断变化。虽然从总体上说全球市场在不断增大，但是企业之间的竞争仍然十分激烈。在当今市场形势下，企业要在激烈的竞争中生存和发展是一件极具挑战性的工作，而人力资源管理的一项重要任务是在各种条件下确保企业生存，力求发展。

4. 提高市场和环境适应能力

市场适应能力的高低是未来企业能否生存的一个关键要素，同时也是企业经营成功与否的重要标志。企业的适应能力在很大程度上取决于企业内人力资源的适应能力，因此，只有重视企业人力资源管理的建设才能形成卓越的人力资源管理能力。从而提高适应能力，使企业立于不败之地。

5. 确立竞争优势

中国拥有全世界最具活力和潜力的市场，必然会成为 21 世纪的各国企业投资的热土，跨国公司到中国进行角逐是一个必然的发展趋势。在跨国企业争相涌入的背景下，市场竞争的激烈化不可避免，如果企业想在竞争获得优势。只有依靠科学的人力资源管理。在某种程度上我们可以这样说，如果一个企业有了卓越的人力资源管理能力。那么企业的利益无论是在管理者能力还在员工能力方面就有了强有力的保证。可以帮助企业抢得竞争先机。

（二）为投资者（股东）服务

投资者是企业经营资金的重要来源，对企业来说地位极其重要，因此。为了保证企业能够获得稳定持久的投资人的资金支持，企业的人力资源管理要有一个明确的理念——为投资者服务。

1. 提高资金的回报率

公司已经在证券交易所上市。那么其运作经营的基本状况就会有一个基本的参考点，即公司股票的价格。一般来说，公司的股价是与该公司的盈利能力相关的，尤其是长远的盈利能力较强的公司，其股价较高并且具有一定时期内的稳定性。对于没有上市的公司而言，企业红利的多少对企业来说相当重要，因为这是投资人追加资金的基本保证。因此，未来的人力资源管理一定要时时注意提高资金的回报率。

2. 增加市场占有率

资金的回报率是衡量企业盈利能力的重要指标，它并不是凭空产生的。在各种影响企业资金回报率的因素中，市场占有率的增加对资金回报率的提高起到的作用最大。因此，企业在进行人力资源管理时，应该有意识的对技术开发人员、销售人员进行业务能力的培训。

3. 资金的周转率

资金的周转率是衡量企业资金运转状况的基本指标，同时对企业的资金回报率的形成具有比较大的影响。资金周转良好的企业，企业的财务状况良好，资金的利用效率较高，能够提高投资的回报率，增强投资人的信心。

（三）为客户服务

"客户是上帝"这一服务理念已经不是什么新鲜的理念了，20世纪90年代以后。许多企业的管理者都把这句话挂在口头上，但从落实情况来看。似乎并没有达到理想的状况。随着经济竞争的加剧，越来越多的企业家将目光锁定在售后以及服务方面，他们已经深刻地认识到，客户的全面满意是企业在激烈的市场竞争中生存下去的基础。

为客户服务的理念应该在企业的人力资源管理中得到体现，一般来说需要做到以下几点：

1. 树立为客户服务的理念应该为客户提供高质量的产品；
2. 树立为客户服务的理念应该为客户提供高质量的服务；
3. 树立为客户服务的理念应该对客户的投诉或问题迅速反应；
4. 树立为客户服务的理念应该为客户尽量降低成本，减少费用；
5. 树立为客户服务的理念应该为客户不断创新，以满足客户的不同需要。

（四）为员工服务

企业人力资源管理的一项重要任务就是为员工服务。人力资源管理的对象是人，如果没有员工那么所谓的人力资源管理也就不存在。

1. 公平对待员工

企业的产品生产、日常经营、财务会计等基本工作都是企业员工完成的，可以说员工是企业正常运转的基础。因此，企业只有公平地对待员工，才能保证员工的工作状态和工作效率。在人力资源管理更加重要的未来，企业对人力资源管理的重视将会更加公平，员工的忠诚度也会得到提高。

2. 提高员工士气

一般情况下，企业只有提高员工的满意程度才能够从根本上提高员工士气。而提高员工士气，并不能只依靠增加工资维持，因为我们还要考虑到其他利益相关者的利益。因此未来的人力资源管理要依靠综合方法来提高员工士气。

3. 适当授权

授权对员工的激励作用十分明显，并且适当的放权可以解放领导层管理的巨大压力，未来人力资源管理要调动每个员工的积极性，应该让每个员工尽可能自己管理自己。但授权又要适当，否则企业将无法管理。

4. 保障员工的安全与健康

员工是企业最宝贵的财富，未来人力资源管理要充分重视保障员工的安全和健康。要在企业运作的各个环节都要落实"以人为本"的理念。这样。员工才会以企业为家。

5. 提高员工的适应能力

要在未来的社会环境中生存与发展，一个人的适应能力是相当重要的。人力资源管理有责任帮助提高员工的适应能力。

（五）为社区服务

社区和企业的关系日趋紧密，人力资源管理在未来更有责任为社区服务。

1. 遵纪守法

企业要长期发展，一定要成为遵纪守法的模范。企业要遵守政府颁布的各项法律，也要遵守当地社区的社会规范。为企业和社区共同发展打下一个良好的基础。

2. 承担社会责任

企业通过向社会提供优质产品和服务以获取合理利润的同时，也应该承担必要的社会责任。尤其在社区内，企业应该在自己力所能及的基础上承担相应的社会责任。例如，援助希望工程、协助搞好地区治安、搞好环境卫生等等。

3. 重视道德建设

道德是一种重要的社会约束手段，在我国五千年的发展历程中，我们传承了许多优秀的道德传统，企业应该重视道德建设。此外，加强道德建设可以在某种程度上逐渐加强员工对企业文化的认同感，提高其忠诚度。

4. 重视环境保护

随着科技的发展。地球已成为一个村落，保护环境就是保护我们自己，企业应该高度重视环境保护，这样才能真正与社区建立良好关系。

（六）为战略伙伴服务

战略合作伙伴是与企业有长期友好合作关系的合作单位。这种长期合作是双赢的，它有利于保证双方发展的稳定性。从这一角度看，为战略伙伴服务在未来成了人力资源管理的一项重要工作。

企业的战略伙伴有许多，可以分为很多种。但总结起来主要有政府、供应商、工会、合资伙伴、媒体五种。

1. 政府部门

从企业方面说。其运营资格需要向政府申请、需要向政府缴纳税费，可以说任何企业的经营和运作都处在政府的监督和管理之下；从政府的角度来看，企业稳定的经营和发展环境离不开政府的积极维护和治理。

2. 供应者（商）

在生产高度专业化和分工化的今天，绝大部分企业都难以独立完成整个产品的生产过程，无论是产品的装配还是原材料、设备、人员、信息和资金的供给都需要其他企业辅助完成。可以说任何一家现代企业离开供应者（商）就几乎均无法生存。因此，在企业人力资源管理的过程中企业要特别重视与供应者（商）的关系。

3. 工会

工会是工人利益的代表，其宗旨与企业发展给工人带来的利益是一致的。因此。工会也可以看作是企业的一种战略伙伴。因为企业可以通过工会在工人中的影响力保证企业生产活动的顺利进行。在未来工会由于从工人利益出发，将会更有力地协助企业，激励员工为企业的利润目标和战略目标而努力。因此，企业在人力资源管理中应该注意与工会的合作和沟通。

4. 合资人

合资人是与企业所有者共同出资组建企业的人。因为合资人参与了企业的资金投入，因此企业所有者与投资人是共享企业利益的。因此，合资企业中的合作伙伴成了天然的战略伙伴，人力资源管理当然有义务为其服务。

5. 媒体

随着信息科技的不断发展和进步，媒体在社会生活中的作用也越来越大，企业的人力资源管理部门有必要与媒体建立起良好的关系。

三、未来的人力资源管理部

（一）未来人力资源管理部的角色

1. 经营者角色

传统的企业管理观点认为：人力资源部不参与企业的生产和销售，是一个无足轻重的部门。其工作内容大多也是一些缺乏技术的"清闲"工作，比如抄写、填表，文件归档等。

随着人们对人力资源管理认识的不断加深，它在激烈的市场竞争中的作用越来越明显。根据目前的发展状况以及对未来趋势的推测，我们认为未来人力资源部经营者角色可能会扮演以下三个层次的角色。

（1）战略层次

战略层次意味着人力资源部的活动集中在企业经营的长期需要方面。这也就是说，在未来的企业生产与经营过程中。人力资源部门的经营者会参与到组织的经营方向、制定企业憧憬、建立企业文化、制定利润指标、确定产品或服务、决定组织结构、预测经营的生命周期等重要的企业决策中。

（2）管理层次

管理层次意味着人力资源部进行一些中期的人力资源活动以帮助经理和员工。这也就是说，在未来的企业生产与经营过程中，人力资源部门设立的人事选拔标准、制定招聘营销计划、建立新的招聘市场、为个体制定五年报酬计划、确定职业发展途径、制定员工开发计划等都会成为企业管理的重要内容。

（3）操作层次

操作层次意味着人力资源部进行一些短期的日常的人力资源活动。这也就是说，人力资源部门应该在未来的工作中提高自己的工作效率。比如实施招聘计划、设立并运作每天的控制系统、管理报酬项目、建立年度绩效评估系统。

2. 支援者角色

支援者角色肩负的主要职责是帮助直线经理完成有关人员方面的任务。

就实际情况而言，人力资源开发和管理项目的成功，每一个环节都包含着直线经理的贡献。因此，企业的人力资源部门有责任去帮助直线经理完成各项有关人员方面的任务，即为直线经理提供服务。

支援者角色主要表现在三个方面。

（1）满足直线经理人力资源方面的需求，如招聘员工、培训员工、激励员工、解决冲突等。

（2）促进客户化。我们这里所说的客户化中的"客户"并不是指传统意义上的客户，而是指把企业内外的每一个人都当作客户，并执行"客户至上"原则。

（3）制定各种标准。企业的人力资源管理部门为了更好地为直线职能部门服务，需要制定科学全面的职能标准，并制作成便于查阅的手册，使直线经理和员工能执行。

3. 监督者角色

监督者角色肩负的主要职责是确保企业员工受到公平、稳定的待遇。一般来说，作为企业监督者角色主要应该从下面三个方面开展工作。

（1）严格按照相关的法律法规办事。企业的人力资源部应该熟悉当地法律，用人政策，以保证企业制定的人力资源政策、实施方法、福利项目等符合当地的法律法规。

（2）制定公平的人力资源政策，并通过严格的执行保证其权威性，一般来说企业坚持公平原则的主要表现为：不因为员工的性别、国籍、种族、年龄等差异出现同工不同酬的现象。

（3）严格监督。一旦发现企业内发生不公平事件，应该立即提出警告，并及时告知相关经理，公平解决。

4. 创新者角色

创新者角色肩负的主要职责是确定和开发新的实践、新的方法来管理员工。

激烈的国际竞争、能源保护、复杂的经济和政治环境使当今社会充满了不可预知变数，因此创新不再是企业的一种奢侈品，而是一种必备物。

创新者角色主要表现在三个方面。

（1）善于学习。只有充满活力，具有创新精神的人力资源部才能为企业挑选最具活力的人才，因此人力资源管理部必须要善于学习，这样才能不断地吸收新的信息、新的观念、新的知识、新的技术。

（2）勇于探索。人力资源部应该以企业战略目标为动力和原则，在前进的过程中探索和尝试利用不同的方法来解决人力资源开发与管理中的问题。

（3）鼓励员工创新。人力资源部应该帮助企业建立创新的文化，鼓励员工为实现企业的目标发挥自己的聪明才智。

5. 适应者角色

适应者角色的主要职责是引导企业的变化，并保持企业的灵活性和适应性。

在复杂的市场环境中，企业为了赢得残酷的竞争。有时候需要利用新的技术、采用新结构。因此，从这一角度来看企业人力资源部适应者的角色则更具有未来性。

（二）未来人力资源部的组成特点

就目前的发展现实来看，未来企业的市场竞争将会更加的激烈，人才对于企业的战略意义也越来越重要，如何提高企业高端人才的聚合能力是人力资源管理部门未来工作的重点。从这个基本需求出发，未来人力资源部的组成可能会呈现以下一些特点。

1. 高层管理人员领衔

目前许多企业都已经设立了人力资源副总裁这一行政职位，并将人力资源开发与管理分开进行。就目前来看，人力资源部经理跻身高层管理人员的数量和比例呈现出上升的趋势。并且随着时间的推移这种趋势将越来越明显。

2. 优秀人才加盟人力资源部

目前我们不得不面对这样一种尴尬的现状：人力资源部工作人员的工资待遇水平不高，造成了人力资源管理部的优秀人才缺失。为了把好企业人才引进这一关，应该提高人力资源管理部门工作人员的薪酬水平，这样必然会吸引一批精英加盟人力资源部。由这些优秀人才组成的人力资源部精练能干、效率高，必将在企业的人力资源管理工作中大放异彩。

3. 预算明显提高

实践不止一次证明了投资在人力资源方面的高回报率，这也为未来企业的人力资源管理部门的发展提供了良好的基础。可以预测，未来人力资源部的预算必然会比现在高，这样就会形成一种良性的循环运作：增加预算——吸引优秀人才——企业发展——追加投资。

参考文献

[1]赵继新，魏秀丽，郑强国主编.人力资源管理[M].北京：北京交通大学出版社.2020.

[2]潘颖，周洁，付红梅主编.人力资源管理[M].成都：电子科技大学出版社.2020.

[3]李燕萍，李锡元主编.人力资源管理 第3版[M].武汉：武汉大学出版社.2020.

[4]褚吉瑞，李亚杰，潘娅主编.人力资源管理[M].成都：电子科技大学出版社.2020.

[5]杨丽君，陈佳主编.人力资源管理实践教程[M].北京：北京理工大学出版社.2020.

[6]张绍泽著.人力资源管理六大模块实操全案[M].北京：中国铁道出版社.2020.

[7]杨宗岳，吴明春编著.人力资源管理必备制度与表格典范[M].北京：企业管理出版社.2020.

[8]黄铮著.一本书读懂人力资源管理[M].北京：中国经济出版社.2020.

[9]叶云霞著.高校人力资源管理与服务研究[M].长春：吉林大学出版社.2020.

[10]温晶媛，李娟，周苑著.人力资源管理及企业创新研究[M].长春：吉林人民出版社.2020.

[11]国网山东省电力公司，山东鲁能软件技术有限公司编著.能源互联网企业人力资源管理信息化探索与实践 国网山东省电力公司人力资源管理数字化转型[M].北京：中国经济出版社.2021.

[12]黄波，黄丽.人力资源管理[M].北京：经济管理出版社.2021.

[13]李群作.人力资源管理[M].西安：西安电子科学技术大学出版社.2021.

[14]彭良平.人力资源管理[M].武汉：湖北科学技术出版社.2021.

[15]杨少杰作.人力资源管理演变[M].北京：中国法制出版社.2021.

[16]陈浩.EXCEL人力资源管理[M].北京：中国华侨出版社.2021.

[17]郑惠珍，杨保军，蒋定福编.人力资源管理实务[M].北京：经济管理出版社.2021.

[18]郭云贵作.人力资源管理 慕课版[M].武汉：华中科学技术大学出版社.2021.

[19]李业昆主编.人力资源管理[M].北京：电子工业出版社.2021.

[20]周施恩，刘俐伶，唐军，毛艾琳，范围，陈书洁.人力资源管理导论[M].北京：首都经济贸易大学出版社.2021.